도서출판
십자가사랑의 길

1. 십자가사랑의 책

도서출판 십자가사랑의 책을 통하여 예수 그리스도의
십자가사랑이 전파되며, 진실된 복음이 전 세계 만방에 펼쳐지길
원합니다.

2. 십자가사랑의 재정

도서출판 십자가사랑의 재정은 선교와 구제와 교회를 세우고
복음을 전하는데 사용되어지길 원합니다.

3. 십자가사랑의 사역

도서출판 십자가사랑은 하나님의 마음으로 정직하며
불의를 행하지 않는 기독교 기업으로 성장하길 원합니다.

영의세계
그 안에서의
영적전쟁

하나님의 사람들 시리즈 14

영의세계
그 안에서의
영적전쟁

에스더 권 지음

SPIRITUAL
WARFARE
IN THE
SPIRIT REALM

십자가사랑

차 례

C·O·N·T·E·N·T

PART 3 영적전쟁의 실전(영의세계 그 안에서의 영적전쟁)

PART 4 승리하는 하나님의 용사(영적세계를 정복하라)

우리는 흔히 보이는 세계가 전부라고 믿으며 살아갑니다. 하지만 인생의 가장 결정적인 순간, 눈에 보이지 않던 세계가 놀랍도록 선명하게 열릴 때가 있습니다.

하나님께서 우리의 삶 속에 가장 강력하게 임하시는 순간은 바로 죽음 직전, 인간의 힘으로는 도저히 감당할 수 없는 그 때입니다. 그 순간을 저는 지식으로가 아니라 세포 하나하나로 경험했고, 지금도 그 느낌을 생생히 기억하고 있습니다.

어느 날 우리 교회를 다니시던 한 권사님이 위독하다는 소식을 들었습니다. 기도하던 중 주님께서 제 마음에 감동을 주셨습니다.

"내 종아, 지금 가거라. 이미 천국에 갈 준비가 되었단다."

주저할 틈이 없었습니다. 급히 권사님의 집으로 달려갔습니다. 집 안에는 흐느낌이 가득했고, 가족 모두가 임종의 순간을 숨죽이며 지켜보고 있었습니다.

놀라운 것은 예전에 그 집을 방문했을 때와는 완전히 다른 낯선 기운이 느껴졌다는 것입니다. 그 공간 자체가 생소하게 느껴졌습니다. 시간을 초월한 것 같은 느낌과 심지어 공기조차도 다른 것 같았습니다. 그 순간, 영의세계가 이미 열려져 있다는 것을 바로 분별할 수 있었습니다. 마치 이 땅의 공간을 지나, 영의세계 한가운데로 깊이 들어간 것 같았습니다.

이미 그곳에는 치열한 영적전쟁이 벌어지고 있었습니다. 한쪽에서는 죽음을 코앞에 둔 권사님의 영혼을 향해 악한 영들이 집요하게 공격하고 있었고, 믿음을 흔들며 두려움과 혼란으로 채우려 하고 있었습니다.

반면 빛의 천사들은 찬양으로 그 공간을 가득 메우고 있었습니다. 권사님의 영혼을 단단히 붙들고 예수님을 향한 믿음을 지키도록 도왔습니다. 보이는 세계에서는 울음소리만 가득했지만, 보이지 않는 세계에서는 천사와 악한 영들이 동시에 한 영혼을 둘러싸고 치열하게 전쟁을 벌이고 있었습니다.

그때 주님께서 제 마음에 강한 감동으로 말씀하셨습니다.

"내 종아, 대적하라! 예수 그리스도의 이름으로 악한 영들을 쫓아내라!"

순간 대적 기도가 흘러나왔습니다.

"내가 예수 그리스도의 이름으로 명하노니, 권사님의 영혼이 천국에 가는 것을 훼방하는 모든 악한 영들은 지금 이곳에서 다 떠나갈지어다! 무저갱으로 갈지어다!"

그 즉시 어둠이 떠나가는 영적인 파장이 온몸에 전해졌습니다. 이와 동시에 권사님의 얼굴은 이미 영의세계로 들어가 천국을 보고 있는 것처럼 말로 형언할 수 없는 평안이 순식간에 번졌습니다.

"내 딸아, 이 땅에서 수고하였도다. 올라오라. 이제 천국을 네게 보이리라."

권사님의 영혼이 천국으로 빨려 올라가는 듯 느껴졌습니다. 토기장이 하나님께서 자녀의 호흡을 친히 덮으시고 데려가셨다는 감동이 밀려왔습니다. 하늘이 활짝 열리고 권사님의 영혼을 맞이하기 위해 천사들이 열린 하늘 문에서 쏟아져 내려오는 듯했습니다.

놀라운 것은 평생 권사님의 유언이 '나는 에스더 목사님 무릎에서 천국에 가고 싶다'였다는 것입니다. 신실하신 하나님께서 자녀의 소원을 이루어 주시기 위해 임종 직전의 순간에 긴박하게 저를 보내셨던 것입니다.

저는 확신합니다.

눈에 보이지 않아도 영의세계는 실제로 존재합니다. 그 안에서 지금도 치열한 영적전쟁이 벌어지고 있습니다. 지금 이 책을 쓰고 있는 이유도 '영의세계 그 안에서의 영적전쟁'이 있다는 것을 전하기 위함입니다.

부족하지만 이 책이 영의세계를 이미 경험한 분들에게는 지침서가 되기를 기대합니다. 아직 잘 알지 못하는 분들에게는 이해를 돕는 안내서가 되기를 소망합니다. 이 책을 통해 누군가의 영적인 삶에 조금이라도 도움이 되기를 기도합니다. 무엇보다 오직 하나님만을 신뢰하고 섬기는 믿음이 더욱 굳게 세워지기를 간절히 기도합니다.

이제 여러분을 치열한 보이지 않는 세계의 한복판으로 초대합니다.
'영의세계, 그 안에서 펼쳐지는 영적전쟁'을 생생히 경험하시기
바랍니다.
예수 그리스도의 권세 안에서 승리하는 우리 모두가 되기를 기
도드립니다.

2026년 3월
멕시코 몬테레이에서
에스더 권 선교사 드림

영의 세계
(영적 세계에 들어서며)

"사랑하는 자들아 영을 다 믿지 말고
오직 영들이 하나님께 속하였나 분별하라"
(요일 4:1)

Part 1 영의세계 (영적세계에 들어서며)

우리는 대부분 눈에 보이는 세계가 전부라고 여기며 살아갑니다. 보이는 것이 기준이 되고, 만져지는 것이 현실이 되며, 설명할 수 없는 것은 애써 밀어내며 살아갑니다. 그러나 인생의 어떤 순간에는 그 믿음이 너무나도 쉽게 무너집니다. 사람의 힘으로는 도저히 감당할 수 없는 고통, 설명할 수 없는 고난이 밀려올 때 우리는 문득 하나님을 기억하게 됩니다. 영이신 하나님께 부르짖게 됩니다. 그 과정 속에서 우리는 차츰 영의세계를 인식하게 됩니다.

나는 멕시코의 척박한 선교 현장에서 수없이 그런 순간들과 마주해야 했습니다. 겉으로 보기에는 평범해 보이지만, 그 이면에서는 분명히 다른 차원의 움직임이 감지되는 순간들이 참 많았습니다. 한 번의 기도, 한 사람의 선택, 심지어 한마디의 말이 영의세계에서는 파문처럼 퍼져 나가는 것을 수없이 경험했습니다.

어느 날은 기도하는 자리에서, 또 어느 날은 한 영혼이 숨을 거두는 현장에서, 더욱 선명히 느꼈습니다. 이 세상은 보는 것보다 훨씬 더 넓고 그 안에서의 전쟁은 생각보다 훨씬 더 치열하다는 것을요.

보이지 않는 세계는 추상적인 개념이 아닙니다. 그 안에서도 질서가 있습니다. 분명한 목적 안에서 움직이고 있습니다. 놀랍게도 영의세계는 눈에 보이는 현실 세계와 깊이 연결되어 있다는 것입니다.

성경은 이러한 사실에 대해 분명히 기록하고 있습니다. 영의세계에서 전쟁이 벌어지고 있으며, 그 전쟁의 승패가 보이는 세계에까지 영향을 미친다고 말합니다. 우리의 생각과 마음, 감정과 선택은 단지 심리적인 문제만은 아닙니다. 영적인 영역과 맞물려 있다는 사실을 우리는 반드시 기억해야 합니다.

안타깝게도 많은 성도들은 이 지점에서 멈춰 버립니다. 영의세계를 막연히 두려워하거나 혹은 지나치게 신비화하여 일상의 삶과 분리해 버립니다. 신비로운 영역으로 여겨져 다가서기 어렵기 때문입니다. 두렵기 때문입니다.

그러나 영의세계는 두려움의 대상이 아닙니다. 하나님을 믿고 있다면 영의세계를 외면해서도 안 됩니다. 하나님은 영으로 존재하시기 때문입니다. 우리가 믿든지 믿지 않든지 보이지 않는 세계는 지금도 움직이고 있기 때문입니다. 더 나아가 하나님께서 우리에게 영적세계를 분별하고 다스릴 권세를 이미 주셨기 때문입니다.

우리는 기억해야 합니다. 왜 어떤 기도는 막히고, 어떤 기도는 응답되는지, 왜 같은 상황에서도 어떤 사람은 무너지고, 어떤 사람은 끝까지 견뎌내는지, 왜 하나님께서 끊임없이 '근신하라, 깨어 있으라’고 말씀하시는지를 말입니다(벧전 5:8).

우리는 지금 보이지 않는 영의세계라는 문 앞에 서 있습니다. 이 영의세계의 문을 열고 들어간다고 해서 더 특별한 사람이 되는 것은 아닙니다. 신령한 사람이 되는 것도 아닙니다. 다만 지금 벌어지고 있는 현실을 더 깊고 정확하게 바라보는 눈을 얻게 될 것입니다.

이제부터 펼쳐질 이야기는 상상이 아닙니다.

이론도 아닙니다.

사역의 현장에서 경험한 생생한 간증입니다.

치열한 영적전쟁을 경험한 후에 알게 된 증언입니다.

영의세계, 보이지 않는 신비

일상을 살아가다 보면 도저히 설명할 수 없는 순간들과 맞닥뜨리게 됩니다. 분명히 위험한 상황이었는데 누군가 막아준 것처럼 비껴간 경험들, 기도 중 이유 없이 눈물이 터져 나오거나 설명할 수 없는 평안이 밀려오기도 합니다.

천사를 보았다는 사람, 악한 영들이 자신을 짓누르는 것을 느꼈다는 사람, 죽을 수밖에 없는 상황에서 기적처럼 살아난 사람, 공포와 두려움 때문에 밤새 씨름하다 기도하는 순간 거짓말처럼 마음이 평안해진 사람도 있습니다.

그러한 이야기를 들은 사람들은 종종 이렇게 말하곤 합니다.

"신비하긴 하지만 다른 세상의 이야기 같아."

"성경에 그런 이야기가 나오긴 하지만 지금도 정말 그런 일이 일어나고 있을까?"

"특별한 사람들에게나 해당되는 이야기니까 나와는 상관없어."

주변에 영의세계를 믿는 사람들이 그리 많지는 않습니다. 오히려 영의세계에 대해 조심스럽게 거리를 둡니다. 혹시라도 잘못 들어가면 안 될 것 같은 신비한 세계, 괜히 관심을 가졌다가는 큰일 날 것 같은 영역으로 여기는 것이지요.

그러나 생각보다 영의세계는 멀리 있지 않습니다. 성경은 눈에 보이지 않는 세계가 현실과 맞닿아 있다고 분명히 증언합니다. 오히려 보이는 세계 그 뒤편에 훨씬 더 실제적이고 본질적인 영의세계가 존재합니다(히 11:3).

성경에도 하늘에서 실제로 전쟁이 벌어지고 있음이 기록되어 있습니다. 요한계시록 12장은 하늘에서 일어난 사건을 생생하게 보여줍니다.

"하늘에 전쟁이 있으니 미가엘과 그의 사자들이 용과 더불어 성경은 하나님의 군대와 사탄의 세력이 맞붙어 치열하게 전쟁을 하는 모습을 기록하고 있습니다. 여기서 미가엘은 천사장이며, 용은 사탄을 가리킵니다(계 12:9). 다니엘서 10장과 요한계시록 12장이 서로 연결되며, 미가엘 천사가 하나님의 백성을 위해 싸우고 있음을 보여줍니다.

태초에 하나님께서 천지를 창조하신 이후부터 하늘과 땅의 전쟁은 계속되고 있었습니다. 하와에게 "선악과를 먹어봐 결코 죽지 않아"(창 3:4)하며 속삭였던 뱀의 세력이 이제는 용이 되어 더욱 적극적으로 역사하고 있기 때문입니다.

간과하지 말아야 할 것은 하늘에서 벌어지는 이 전쟁이 하늘에만 머물러 있지 않다는 것입니다. 이 전쟁의 결과는 고스란히 우리의 삶 속에서 나타나게 됩니다. 어쩌면 지금 우리가 겪고 있는 유혹과 시험, 혼란과 고통의 치열한 싸움들은 단순히 환경이나 관계의 문제만은 아닐 수도 있습니다. 영의세계에서 시작된 전쟁이 땅에서도 계속되고 있는 것일지도 모릅니다.

을 상대함이라"^(엡 6:12)

　우리의 씨름은 영의세계에서 역사하는 악한 영들을 상대하는 싸움입니다. 눈에 보이는 혈과 육과의 싸움이 아닙니다. 현실과 맞물려 있지만, 그 본질은 하늘과 땅의 전쟁, 그리고 보이지 않는 악의 권세와 맞서는 싸움이라는 것입니다. 영의세계는 막연한 신비가 아닙니다. 말씀 안에서 영적인 눈이 열릴 때 질서 있게 이해할 수 있는 세계입니다.

　이 마지막 때에 하나님께서는 영의세계를 숨겨놓지 않으셨습니다. 오히려 성령님을 통해 이해하고 분별할 수 있는 길을 활짝 열어 놓으셨습니다.

　영의세계는 크게 네 부류로 나눌 수 있습니다.

　하나님의 세계, 사탄의 세계, 천사의 세계, 사람의 세계입니다.[1]

　이 세계들은 서로 분리되어 있지 않습니다. 보이는 세계와 보이지 않는 세계는 동시에 움직이며, 모두 하나님의 통치 안에서 연결되어 있습니다.

　가장 크고 근원적인 세계는 하나님의 세계입니다. 그 안에서 천

1　'영의세계의 네 부류와 그 실체'에 관해서는 뒤에서 상세하게 다뤄집니다.

사들은 하나님의 명령을 수행하며 움직이고, 사탄과 그의 악한 영들은 제한된 권한 안에서 하나님을 대적하고 인간을 공격합니다. 인간 또한 보이는 세계에서 무언가를 선택하며 살아가고 있습니다. 모든 세계는 하나님의 주권 아래, 각자의 위치와 목적을 가지고 지금도 움직이고 있습니다.

다니엘서 10장에 보이지 않는 영의세계에서의 치열한 영적전쟁이 기록되어 있습니다.

다니엘이 기도하던 그 시간, 응답이 늦게 오는 듯 보였으나 이미 하늘에서는 치열한 영적전쟁이 벌어지고 있었습니다. 다니엘의 기도가 이미 하나님께 상달 되었으나, 응답이 이루어지기까지 천사들은 사탄의 세력과 맞서 싸워야 했습니다(단 10:12-13).

아무 일도 일어나지 않는 것처럼 보이는 순간에도, 보이지 않는 세계에서는 이미 하나님의 군대가 움직이고 있을 수 있습니다. 다니엘처럼 끝까지 하나님을 신뢰하며 기도한다면 반드시 보호와 인도를 받습니다.

영의세계 안에서의 전쟁은 참으로 다양합니다.

창세기부터 시작된 하늘과 땅의 전쟁, 인간을 사이에 두고 벌이는 천사와 악한 영들의 전쟁은 지금도 진행 중입니다. 또한, 우리 내면에서 벌어지는 전쟁, 곧 속사람과 겉사람의 싸움은 일상의 자리에서 날마다 일어납니다. 생각과 마음, 감정, 행동 속에서 벌어집니다(롬 7:22-23).

'우리의 겉사람은 낡아지나 우리의 속사람은 날로 새로워진다'(고후 4:16)는 말씀처럼 이 싸움은 날마다 반복됩니다. 외부에서 시작된 것처럼 보여도 실제로는 마음 한가운데서 이미 시작된 싸움인 경우가 많습니다.

하지만 결코 변하지 않는 진리가 있습니다. 하나님 안에서 이 모든 전쟁은 혼돈이 아니라 질서와 목적 안에서 움직이고 있다는 사실입니다. 하나님 세계를 중심에 둘 때 다른 모든 세계의 움직임이 분별 됩니다. 지금 자신이 어떠한 전투를 치르고 있는지, 어디에 서 있어야 하는지 점점 명확해집니다.

영의세계, 보이지 않는 신비를 이해하는 것은 단순한 지식을 쌓는 일이 아닙니다. 그것은 하나님의 임재 안에서 내 삶을 지키는 실제적 능력으로 이어집니다.

앞으로 하나님의 세계를 중심으로 영적전쟁의 구조와 실제를 하나씩 살펴볼 것입니다. 보이지 않던 신비가 점점 선명해지고, 영의 눈이 서서히 열리게 될 것입니다.

"우리가 주목하는 것은 보이는 것이 아니요 보이지 않는 것이니

보이는 것은 잠깐이요 보이지 않는 것은 영원함이라"(고후 4:18)

성경이 말하는 보이지 않는 세계

성경은 창세기부터 요한계시록까지 동일하게 말하고 있습니다. 우리가 눈으로 보고 손으로 만질 수 있는 세계가 전부가 아니라고 말합니다. 오히려 성경은 우리가 현실이라 부르고 있는 보이는 세계가 보이지 않는 세계에서 비롯되었다고 말합니다. 또한 그 세계를 주관하시는 분은 오직 하나님 한 분밖에 없음을 강조합니다.

하나님께서 어떠한 빛도 생명도 질서도 드러나지 않았던 때에 말씀하셨습니다.

"태초에 하나님이 천지를 창조하시니라 땅이 혼돈하고 공허하며 흑암이 깊음 위에 있고 하나님의 영은 수면 위에 운행하시니라 하나님이 이르시되 빛이 있으라 하시니 빛이 있었고 빛이 하나님이 보시기에 좋았더라"(창 1:1-4)

보이지 않았던 공허한 세계가 하나님의 말씀 한 마디로 보이는 세계로 드러났습니다. 하나님의 말씀의 능력이 현실로 나타난 순간입니다. 보이는 세계는 언제나 보이지 않는 하나님의 뜻과 말씀에서 비롯된다는 것을 기억해야 합니다.

"보이는 것은 나타난 것으로 말미암아 된 것이 아니니라"(히 11:3)

우리 눈에 보이는 현실은 어느 순간 갑자기 생겨난 것이 아닙니다. 하나님의 계획과 말씀에서 흘러나온 결과입니다.

엘리사도 보이지 않는 세계를 현실처럼 인식하며 살았습니다. 그는 눈앞에 밀어닥친 위기보다 더 크고 실제적인 영의세계를 보고 있었습니다. 성경에 아람 군대가 엘리사가 있던 성읍을 에워싼 사건이 기록되어 있습니다. 적들이 성읍을 포위한 현실만을 보았던 엘리사의 사환은 두려움에 사로잡혔습니다. 그러나 엘리사는 오히려 담대했습니다. 이미 보이지 않는 영의세계를 보고 있었기 때문입니다.

"두려워하지 말라 우리와 함께 한 자가 그들과 함께 한 자보다 많으니라"(왕하 6:16)

엘리사는 사환의 눈을 열어 달라고 기도했습니다. 기도가 응답되자 그의 눈에도 불말과 불병거로 가득한 하늘의 군대가 보였습니다(왕하 6:17).

다니엘도 마찬가지입니다. 그가 금식하며 기도하던 21일 동안, 땅에서는 아무런 변화가 없는 것처럼 보였습니다. 그러나 그 시간 동안 하늘에서는 실제적인 전쟁이 벌어지고 있었습니다. 바사 왕국(사탄)의 영적 권세가 하나님의 사자를 막고 있었고, 미가엘 천사가 와서 그와 함께 싸우고 있었습니다(단 10:12-13). 다니엘의 기도는 땅에서 끝난 것이 아니라, 하늘의 영역에서 벌어지는 영적전쟁과 직접적으로 연결되어 있었습니다.

성경은 보이지 않는 세계를 결코 상징이나 비유로만 다루지 않습니다. 실존하는 영역이며 지금도 살아 움직이고 있는 세계입니다. 단지 믿음으로만 인식할 수 있을 뿐입니다. '믿음은 바라는 것들의 실상이요 보이지 않는 것들의 증거'라고 말씀하신 것처럼 말입니다(히 11:1).

기억해야 할 것은 보이지 않는 세계를 아는 것은 현실을 외면하는 것이 아니라는 것입니다. 오히려 정확히 인식하게 될 때 현실을 더욱 직시할 수 있게 됩니다.

우리는 성령님 안에서 영의세계를 볼 수 있는 눈을 열어달라고 기도해야 합니다. 두려움에 압도되지 않아야 합니다. 영의세계를 제대로 인식하고 살아갈 때 하나님의 통치와 역사하심을 삶 속에서 경험하게 되기 때문입니다.

무엇보다도 하나님은 영으로 존재하시기에 영의세계를 인식한다는 것은 하나님을 정확히 아는 것과 직결됩니다.

"하나님은 영이시니 예배하는 자가 영과 진리로 예배할지니라"
(요 4:24)

하나님께서는 성령 안에서 살아가는 모든 성도에게 영의세계를 열어 두셨습니다. 현실에만 매여 하나님의 세계를 놓치지 않기를 바랍니다.

성령님이 내주해 계신다면 성령님을 통해 보이지 않는 세계를 경험할 수 있습니다. 하나님께서 우리 가운데 거하시며 성령님을 통해 믿음의 눈을 열어 주시기 때문입니다.

우리는 깊이 묵상해 보아야 합니다. 지금까지 보이는 세계만 붙들고 살아왔는지, 아니면 성경이 증언하는 보이지 않는 세계를 믿음으로 받아들이며 살아가고 있는지를 말입니다. 이 질문 앞에서 정직해질 때, 우리는 영의세계로 들어서는 문 앞에 서게 될 것입니다. 영의 문은 지식이 아니라, 믿음으로 열리기 때문입니다.

"만물이 주에게서 나오고 주로 말미암고 주에게로 돌아감이라"(롬 11:36)

영의세계의 네 부류와 그 실체

기도와 말씀, 혹은 종교적인 행위를 통해 영의세계를 알고자 하는 것은 막연하고 추상적으로 느껴질 수 있습니다. 하지만 하나님께서 영적인 눈을 열어 주신다면 그 세계는 점점 실제로 다가옵니다.

창세기에서 하나님께서 말씀으로 천지를 창조하신 것처럼, 성경은 언제나 보이지 않는 세계가 먼저 존재했음을 강조합니다. 성경은 시종일관 하나님의 세계의 질서와 능력이 보이는 현실로 드러난다고 증언하고 있습니다.

영의세계는 하나로 뭉뚱그려진 모호한 개념이 아닙니다. 성경은 영의세계가 서로 다른 네 부류의 영역으로 구성되어 있으며, 이 세계들이 각자의 역할과 질서를 가지고 맞물려 움직이고 있음을 보여줍니다.

하나님의 세계 - 모든 질서와 통치의 근원

하나님의 세계는 가장 근원적이며 절대적인 영역입니다. 모든 질서와 통치의 중심이며, 다른 모든 세계는 하나님의 세계 안에서 존재하고 움직입니다. 하나님의 세계는 선함과 거룩함으로 충만하며, 모든 피조물은 그분의 뜻과 계획안에서 각자의 위치와 목적을 가지고 살아갑니다.

천사는 하나님의 세계 안에서 하나님의 명령을 수행하는 존재이며, 인간은 자유의지와 책임을 부여받은 존재로 살아갑니다. 심지어 사탄조차도 하나님의 허락과 제한된 권한 안에서만 활동할 수 있습니다. 이것은 영적전쟁의 주도권이 결코 사탄에게 있지 않다는 분명한 증거입니다.

이러한 하나님의 절대적 주권은 엘리야를 통해 분명히 드러났습니다. 수적으로 월등히 많은 바알 선지자들 앞에서 엘리야는 하늘을 향해 기도했습니다. 바알의 선지자들이 자신의 몸을 상하게까지 하며 부르짖었지만 어떠한 일도 일어나지 않았습니다. 응답하신 분은 오직 하나님 한 분이셨습니다. 하늘에서 불을 내리신 사건은, 하나님의 세계가 모든 것을 다스리고 있음을 선포하는 것이었습니다 (왕상 18:36-39).

사탄의 세계 - 하나님을 대적하는 악의 영역

사탄의 세계는 하나님을 대적하며 혼란과 파괴를 일으키는 영역입니다. 사탄의 세력은 환경과 상황, 다양한 사건을 통해 사람을 끊임없이 공격하고 시험하며 유혹합니다. 그 목적은 분명합니다. 하나님과 인간 사이를 갈라놓는 것입니다.

사탄의 전략은 대부분 매우 교묘합니다. 노골적인 공격보다 왜곡된 생각, 두려움, 상처를 통해 서서히 파고 듭니다. 세속적인 욕망과 쾌락, 탐욕을 이용해 하나님의 백성을 하나님에게서 멀어지게 만듭니다.

욥의 시험은 사탄의 공격이 얼마나 치밀하고 간교한지를 보여줍니다. 예수님께서 광야에서 받으신 시험 또한 사탄의 본질을 분명히 드러냅니다(마 4:1-11). 하나님이신 예수님께 다가와 경배를 요구했던 사탄이라면 우리에게는 더욱 집요하게 접근할 것입니다. 그러하기에 경계하고 분별하지 않는다면, 어느새 사탄의 영향력 아래로 들어갈 수 있다는 것입니다.

사역의 현장에서 상담을 하다 보면, 많은 성도들이 이미 영적세계와 맞닿은 경험을 하고 있음을 깨닫게 됩니다. 기도 중 설명할 수 없는 압박과 두려움, 반복되는 정죄의 생각, 이유 없는 불안 속에서 고통 받다가 그것이 영적 공격임을 깨닫는 경우가 적지 않습니다.

그러나 기억할 것은 아무리 사탄의 세계가 실제적일지라도, 그들의 권세는 하나님의 허락 아래 제한적으로만 작동한다는 것입니다. 사탄은 결코 하나님의 주권을 넘어설 수 없습니다.

천사의 세계 - 하나님의 명령을 수행하고 순종하는 영역

천사의 세계는 하나님의 뜻과 능력을 전달하고, 하나님의 백성을 보호하며, 영적전쟁에서 사탄의 권세에 맞서 싸우는 영역입니다. 천사는 상징이나 개념이 아닙니다. 하나님의 명령에 따라 실제로 움직이는 영적 존재입니다. 그들은 하나님의 질서를 지키며, 영적전쟁의 현장에서 하나님의 뜻을 이루는 능력으로 역사합니다.

나 역시 천사의 도움을 경험한 적이 있습니다.

멕시코에서 교회를 개척했던 초창기, 토요일마다 교회를 청소하던 중이었습니다. 비누 거품이 잔뜩 묻은 계단에서 발을 헛디뎌 뒤로 넘어질 뻔했습니다. 그런데 신기하게도 몸이 허공에서 잠시 멈춘 것 같더니 바로 균형을 되찾았습니다. 마치 누군가가 뒤에서 허리를 받쳐 주다가 살포시 내려놓은 것 같았습니다. 말로 표현할 수 없는 감사와 경외감이 동시에 밀려왔습니다.

그때 성령님께서 세미한 음성으로 말씀하셨습니다.

"내 종아, 조심하거라."

하나님 아버지의 섬세한 사랑에 눈물이 솟구쳐 올라왔습니다.

"모든 천사들은 섬기는 영으로서 구원받을 상속자들을 위하여 섬기라고 보내심이 아니냐"(히 1:14)

이 사건 이후로 나에게 있어 천사는 지식이나 교리가 아니었습니다. 실존하는 대상이 되었습니다. 하나님께서 사랑하는 자녀를 지키기 위해 보내시는 실제적인 동역자라는 믿음이 깊이 새겨졌습니다.

사람의 세계 - 영적전쟁의 최전선

사람의 세계는 하나님의 세계, 천사의 세계, 사탄의 세계가 교차하는 영적전쟁의 최전선입니다. 우리가 일상에서 경험하는 내적 갈등과 감정의 혼란, 반복되는 유혹과 시험은 단순한 심리 현상을 넘어 영적전쟁과 깊이 연관되어 있는 경우가 많습니다.

사탄은 사람을 하나님과 분리시키기 위해 끊임없이 공격합니다. 천사는 하나님과 연결되도록 돕습니다. 영의세계에 대한 분별이 없을 때 이러한 싸움이 있다는 것조차 알지 못한 채 지치고 무너집니다. 그러나 영의 눈이 열리면, 어디에서 어떠한 전투가 벌어지고 있는지를 분별하게 됩니다.

사람의 세계를 명쾌하게 이해하는 것은 쉽지는 않습니다. 그러나 우리는 알아야 합니다. 영의세계 안에서 사람을 중심에 두고 어떠한 일이 일어나는지를 분별해야 합니다. 더 나아가 영적전쟁의 구조와 각 세계의 역할을 인식할 때, 하나님의 자녀로서의 권세 있는 삶이 시작될 것입니다.

이제 우리는 사람의 내면이 어떻게 영적전쟁터가 되는지, 그리고 선택의 순간마다 하나님의 보호와 도우심이 어떻게 실상에서 나타나는지를 살펴보게 될 것입니다.

영의세계의 네 부류를 이해하는 일은 매우 중요합니다. 눈에 보이는 현실에 흔들리지 않고, 하나님 안에서 그분의 자녀로 살아가기 위함입니다. 하나님의 주권을 신뢰하고, 천사의 도움을 받으며, 사탄의 시험 앞에서도 믿음으로 설 때, 치열한 영적전쟁 한가운데에서도 승리하는 삶을 살아가게 될 것입니다.

"그러나 이 모든 일에 우리를 사랑하시는 이로 말미암아 우리가 넉넉히 이기느니라"(롬 8:37)

내 안에 펼쳐진 영적세계, 인간의 영혼육[2]

영적세계 혹은 영적전쟁을 설명할 때, 사람들은 하늘에서 벌어지는 특별한 이야기나 현상을 떠올립니다. 성경이 증언하는 영적전쟁의 가장 치열한 전선은 예상치 못한 곳에 있습니다. 바로 사람의 내면입니다. 영적세계에서 벌어지는 대부분의 전쟁은 사람에게 집중되어 있으며 그 중심에는 인간의 영혼육이 있습니다. 이를 두고 치열한 싸움이 벌어지고 있는 것입니다.

사람은 단순히 육체만으로 이루어진 존재가 아닙니다. 사람 안에는 신비로운 세계가 존재합니다. 생각과 감정, 의지와 자유의지, 양심 등이 서로 맞물려 유기적으로 작동하며 살아갑니다. 데살로니가전서 5장 23절에 인간의 영혼육에 대해 기록되어 있습니다.

"평강의 하나님이 친히 너희를 온전히 거룩하게 하시고 또 너희의 온 영과 혼과 몸이 우리 주 예수 그리스도께서 강림하

●

2 인간의 영혼육의 구조
   1) 인간의 영(속사람) : 하나님의 통치기관(고전 3:16), 하나님의 성품과 속성,
      성령님의 능력이 흘러나오는 통로 (창 1:26, 창 2:19)
   2) 인간의 혼(겉사람) : 지.정.의(지성/감정/의지), 자유의지와 양심,
      인간의 죄성이 흘러나오는 통로
   3) 인간의 육(겉사람) : 인간의 혼의 통치를 받는 기관, 사탄이 장악할 수 있는 영
      역

하나님께서는 우리의 온 영과 혼과 몸이 흠 없이 보전되기를 원하신다고 말씀하셨습니다. 성경은 사람을 영적인 존재로 규정하고 있습니다.

인간의 영혼육에 대해서는 참으로 다양한 견해가 있습니다. 크게는 삼분설과 이분설로 나뉘어 왔습니다. 삼분설은 인간이 영과 혼과 육으로 구성되었다는 견해이며, 이분설은 영혼과 육으로 이루어졌다는 견해입니다. 여기서 인간의 영혼육에 관해 특정 교리를 주장하려는 것이 아닙니다. 또한 신학적 논쟁을 위한 구조 설명도 아닙니다.

인간의 영혼육의 구조를 이해할 때, 우리는 성경을 훨씬 더 입체적으로 볼 수 있게 됩니다. 동시에 영적전쟁의 실체와 어느 영역에서 주된 공격이 일어나는지를 분별할 수 있는 영적인 눈을 갖게 됩니다.

이제 성경을 근간으로 인간의 영혼육의 구조와 이에 담긴 영적 의미를 살펴보겠습니다.

인간의 영 - 하나님의 통치가 머무는 자리

먼저 인간의 '영'(프뉴마, spirit)에 대해 살펴보겠습니다.

창세기 2장 7절에 이렇게 기록되어 있습니다.

인간의 영은 이 '생기' 안에 포함되어 있습니다. 생기에는 영뿐
아니라 혼의 요소도 함께 포함되어 있습니다.

그렇다면 인간의 영은 무엇을 담고 있을까요?

하나님께서는 인간을 창조하시며 이렇게 말씀하셨습니다.

"우리의 형상을 따라 우리의 모양대로 우리가 사람을 만들자"(창
1:26)

이는 인간에게 하나님의 신성, 즉 통치의 권한이 부여되었음을
의미합니다. 하나님께서는 아담에게 만물을 다스릴 통치권을 주셨
고, 각 생물의 이름을 지을 권한도 주셨습니다. 이는 단순한 능력이
아닙니다. 하나님의 신성한 통치에 동참하도록 부여된 막중한 권한
이었습니다.

그렇다면 하나님의 이러한 인성과 신성은 인간의 어디에 담겨

있을까요? 인간의 영일까요, 혼일까요, 아니면 육체일까요?

하나님께서는 인간의 '영' 안에 하나님의 형상과 속성을 숨겨 두셨습니다. 그래서 인간의 영을 '하나님의 통치기관'이라고 부르는 것입니다. 인간의 영은 하나님의 임재를 담는 그릇이며, 하나님의 통치가 임하는 곳입니다.

고린도전서 3장 16절에도 "너희가 하나님의 성전인 것과 하나님의 성령이 너희 안에 계시는 것을 알지 못하느냐"라고 기록되어 있습니다.

우리의 영은 성령님이 내주하시는 통치기관입니다. 성령께서 내주하실 때, 인간의 영은 비로소 살아납니다. 깨어납니다. 이것이 바로 거듭남입니다. 성령께서 내주하시지 않는다면, 우리의 영은 존재하되 영이 죽어 있는 상태로 있게 됩니다. 예수님을 영접할 때 성령께서 우리 안에 내주하시며, 구원은 우리의 영이 거듭나는 때로부터 시작된다는 것입니다.

인간의 '혼' - 선택과 정체성의 자리

그렇다면 인간의 '혼'은 무엇일까요?

창세기 2장 7절에서 말하는 생기 안에 인간의 영과 혼이 함께 포함되어 있습니다. 혼은 인간을 한 인격체로 구별하는 핵심입니다. 아담과 하와를 구분하고, 너와 나를 구분하는 중심이 바로 혼입니다.

인간의 혼은 지성, 감정, 의지, 자유의지, 양심으로 구성되어 있습니다. 자유의지는 무언가를 선택할 수 있는 권한이며, 양심은 우리에게 주신 자유의지를 통제하고 분별하도록 돕는 기능을 가지고 있습니다. 하나님께서는 인간이 강요가 아닌 자유의지로 하나님을 선택하며 살아가기를 원하셨던 것입니다.

마지막으로 육체입니다. 인간의 육체는 혼의 통치를 받습니다. 혼에서 '손을 들라'는 명령이 내려오면, 육체는 그 명령에 반응합니다. 그러므로 실제적인 육체의 통치권은 인간의 혼에 있습니다. 인간의 영이 직접 육체를 움직이는 구조가 아니라, 영→혼→육의 질서로 작동합니다.

이 엄청난 원리를 깨달았던 사도 바울은 "내가 내 몸을 쳐 복종하게 한다"고 고백할 수밖에 없었던 것입니다(고전 9:27). 우리의 혼과 육이 복종하지 않는다면 하나님께서 우리를 통치하시기가 어렵기 때문입니다.

성령님께서 내주하시며 영을 깨우실 때, 그 통치는 혼과 육으로 흘러갑니다. 성령님의 음성에 인간의 혼이 동의하고, 육체가 순종할 때 하나님의 성품과 통치가 삶 속에서 드러나기 시작합니다. 이러한 사람을 성경은 '영에 속한 사람', '신령한 사람'이라고 부릅니다

안타깝게도 많은 사람들은 여전히 영이 깨어나지 않은 채 혼과 육으로 살아가고 있습니다. 영이 죽은 상태로 살아가고 있습니다. 영이 죽어 있다는 말은, 성령님이 내주하시지 않은 상태를 의미합니다. 우리의 영이 거듭날 때 비로소 하나님의 자녀가 되는 것입니다. 혼과 육이 원하는 대로 살아가고 있다면, 여전히 옛 아비 마귀의 영향력 아래 머물러 있을 가능성도 배제할 수 없습니다(요 8:44).

예수님을 진정으로 영접할 때 성령께서 우리의 영 안에 내주하십니다. 우리의 영은 하나님의 성전이 되며, 악한 영은 이 영역을 침범할 수 없습니다. 하나님께서 친히 성령으로 우리 안에 거하시며 자녀를 보호하시기 때문입니다.

이 깊은 은혜를 깨닫고 성령님의 통치를 더욱 사모하십시오. 성령께서 우리의 영혼육을 거룩하게 하시고 흠 없이 보전해 나가실 것입니다. 성령님과 동행하는 삶으로 인도하실 것입니다.

"여호와 하나님이 땅의 흙으로 사람을 지으시고 생기를 그 코에 불어넣으시니 사람이 생령이 되니라"(창 2:7)

영적세계와 영적전쟁을 알아야 하는 이유

우리가 살아가는 이 세상은 겉보기에는 매우 일상적이고 안정적으로 보입니다. 아침에 눈을 뜨고 하루를 시작하고, 사람을 만나고 일을 하며, 하루를 마감합니다. 이처럼 익숙한 반복 속에서 우리는 삶이 눈에 보이는 것만으로 이루어져 있다고 느끼며 살아갑니다.

그러나 이 평범한 일상 이면에는 우리가 미처 인식하지 못하는 또 하나의 세계가 존재합니다. 바로 영적세계입니다. 성경은 이 세상에서 경험하는 많은 현상들이 보이지 않는 세계에서 벌어지는 영적전쟁의 결과로 나타나는 것이라고 증언합니다.

영적전쟁은 특별한 사람들만 겪는 극적인 사건이 아닙니다. 대부분의 전쟁은 아주 사소한 순간, 아주 작은 틈에서 시작됩니다. 하나의 생각, 스쳐 지나가는 감정, 순간의 선택이 영적전쟁의 출발점이 됩니다.

누군가의 말 한마디에 마음이 무너지기도 합니다. 이유 없이 기분이 가라앉습니다. 다시는 반복하지 않겠다고 다짐했던 죄가 또다시 되풀이됩니다. 이런 상황들을 흔히 환경이나 상황, 혹은 성격의 문제로만 설명하려 합니다. 하지만 성경은 다르게 해석합니다. 보이지 않는 세계가 보이는 세계의 방향을 이끌고 간다고 설명합니다.

영적세계를 알지 못한 채 살아간다면 결과만 바라볼 수밖에 없습니다. 왜 같은 문제 앞에서 계속 넘어지는지, 왜 마음이 쉽게 무너지는지, 왜 관계 속에서 반복적으로 어긋나는지 알 수가 없습니다. '내가 마음이 약해서 그래' 혹은 '운이 나빴다'는 결론에 이르게 됩니다.

영적세계를 이해하기 시작할 때 비로소 시선이 달라집니다. 삶의 표면이 아니라 움직이는 근원을 보게 되기 때문입니다. 삶의 방향을 분별하는 영적인 눈이 열리기 때문입니다.

그렇다면 우리는 왜 영적세계와 영적전쟁을 알아야 할까요?

첫째, 우리의 삶에서 벌어지는 싸움의 본질을 분별하기 위해서입니다. 성경은 우리의 싸움이 단지 사람이나 환경을 향한 것이 아니라고 말합니다.

"우리의 씨름은 혈과 육을 상대하는 것이 아니요 하늘에 있는 악의 영들을 상대함이라"(엡 6:12)

영적세계를 인식하게 되면, 내가 맞서고 있는 대상이 단순한 상황인지, 감정인지, 아니면 그 배후에서 작용하는 영적 흐름인지를 구분하게 됩니다. 이 분별이 시작될 때, 불필요한 자책과 혼란에서 비로소 벗어나게 됩니다.

둘째, 결과가 아니라 시작 지점에서 대응하기 위해서입니다.

영적세계를 인식하지 못하면 사람은 언제나 뒤늦게 반응하게 됩니다. 마음이 무너진 뒤에야 후회하고, 관계가 깨진 뒤에야 이유를 찾습니다.

영적세계를 아는 사람은 전쟁이 시작되는 순간을 그냥 지나치지 않습니다. 악한 생각이 자리 잡기 전, 상처가 뿌리를 내리기 전, 잘못된 선택이 굳어지기 전의 지점을 정확히 분별합니다. 바로 이 차이가 삶의 방향을 바꾸어 놓는 것입니다.

셋째, 우리의 인생에 큰 변화를 일으키기 위해서입니다.

영적전쟁을 알지 못하면 사람은 자신을 쉽게 피해자로 인식합니다. ‘어쩔 수 없었다’, ‘환경과 상황 때문에 그랬다’는 말 속에 명분을 만들며 살아갑니다. 영적세계를 이해하게 되면 큰 변화가 생깁니다. 보이는 세계는 보이지 않는 세계에서 일어나는 영적 흐름의 결과라는 것을 알게 될 때 더는 눈에 보이는 것에 반응하지 않습니다. 영적세계로 들어가 분별하며 선택할 수 있다는 것을 깨닫게 됩니다. 이 인식 하나만으로도 삶은 수동에서 능동으로 전환됩니다.

넷째, 말씀과 기도가 삶 속에서 능력으로 작동하게 하기 위해서입니다.

보이지 않는 세계를 인식하는 순간, 하나님의 말씀은 지금 이 순간을 판단하는 기준이 됩니다. 기도는 영적전쟁에서 돌파의 도구가 됩니다. 영적세계에서 하나님의 말씀을 선포할 때 어떠한 일이 일어나는지를 체험한다면 말씀과 기도를 놓지 않게 됩니다. 강력한 도구로서 작동되기 때문입니다.

마지막으로, 하나님께 쓰임 받는 사람이 되기 위해서입니다.

하나님께 쓰임을 받았던 사람들은 영적세계와 영적전쟁에 대한 확고한 인식이 있었습니다. 사도 바울이 그 대표적인 인물입니다. 바울은 어떠한 상황에서도 보이는 현실로만 해석하지 않았습니다. 늘 영적전쟁의 한복판에 있음을 분별하며 살았습니다. 그는 자신이 몸 안에 있었는지 몸 밖에 있었는지 알 수 없을 만큼 깊은 영적인 경험을 했고 그 내용을 성경으로 남기기도 했습니다. 영적세계를 알고 그 안에서 싸웠기에, 그는 하나님의 손에 붙들린 권능의 그릇으로 쓰임 받을 수 있었습니다.

영적세계와 영적전쟁을 아는 것은 호기심에서 비롯된 것이 아닙니다. 하나님께서 열어 주시고 인도하실 때에만 안전하게 바라볼 수 있는 은혜의 영역입니다. 그리고 그 은혜는 깨어나게 하기 위함입니다.

"끝으로 너희가 주 안에서와 그 힘의 능력으로 강건하여지고 마귀의 간계를 능히 대적하기 위하여 하나님의 전신갑주를 입으라"(엡 6:10-11)

보이지 않는 영적세계, 알지 못한 채 살아가는 삶

예수님을 믿기 전, 어머니의 기도는 내게 참으로 불편한 소리였습니다. 특히 방언으로 기도하실 때면 늘 거슬렸습니다. 의미를 알 수 없는 단음절의 소리가 반복되는 것도 이해되지 않았습니다. 온종일 알아듣지 못하는 말을 중얼거리는 모습은 광신자처럼 보이기도 했습니다. 억지로 만들어 낸 소리 같다는 생각이 들 때면 거부감부터 올라왔습니다.

참다못해 "엄마! 제발 그만 좀 하세요!"라며 소리를 지른 적도 여러 번 있었습니다. 그때 나는 방언 기도를 하나님의 역사로 보지 않았습니다. 그저 이해되지 않는 종교적 행위 정도로만 여겼습니다.

지금 돌아보면 그 이유는 단 하나였습니다. 영적세계에 대해 전혀 알지 못했기 때문입니다. 방언이 무엇인지, 왜 성령께서 그렇게 기도하게 하시는지 몰랐습니다. 방언이 영적전쟁 가운데 사용되는 기도의 도구라는 사실 역시 전혀 깨닫지 못했습니다.

시간이 흘러, 예수님을 영접하고 성령께서 내 안에 임하신 이후 삶에 많은 변화가 찾아왔습니다. 성경 말씀이 이해되기 시작했고, 기도하고 싶은 마음이 자연스럽게 일어났습니다.

어느 날 혼자 기도하던 중, 갑자기 혀가 꼬이듯 움직이기 시작했고, 그 순간 방언이 터져 나왔습니다. 그것은 결코 내가 의도적으로 만들어 낸 소리가 아니었습니다. 마치 누군가가 내 혀를 붙들고 말하는 것처럼 느껴졌고, 표현하기 어려운 경외감마저 느껴졌습니다.

"방언을 말하는 자는 사람에게 하지 아니하고 하나님께 하나니 이는 알아듣는 자가 없고 영으로 비밀을 말함이라"(고전 14:2)

나는 그때야 깨닫게 되었습니다. 과거에 거부했던 어머니의 방언 기도가 하나님께 올려지고 있었던 영의 기도였다는 것을 말입니다. 영적세계에서 일어나고 있는 하나님의 일을 알지 못했기에, 나는 오히려 그 일을 방해하고 있었던 것입니다. 돌이켜보면, 어쩌면 성령을 훼방하는 자리에까지 서 있었는지도 모릅니다.

영적세계를 알지 못한 채 살아간다는 것은 결코 가벼운 문제가 아닙니다. 그것은 단순히 '모르는 상태'를 넘어서 자신도 모르는 사이에 하나님의 일을 가로막을 수도 있다는 것입니다. 누군가의 신앙을 판단하고, 하나님의 선한 역사를 왜곡할 수 있으며, 심지어 사탄의 도구가 될 수도 있기 때문입니다.

베드로도 그러했습니다.

예수님께서 제자들에게 예루살렘에 올라가 고난을 받으시고 십자가에 매달려 죽으셔야 할 것을 말씀하셨을 때의 일입니다. 그 말씀에 제자들은 큰 충격을 받았습니다.

예수님께서는 죽기 위해 이 땅에 오셨고, 자신의 생명을 대속물로 내어주심으로 인류의 죄를 담당하실 분이셨습니다. 십자가는 예수님의 사명이었습니다. 하지만 베드로는 그 말씀을 도저히 받아들일 수가 없었습니다. 그는 예수님을 사랑했고, 인간적인 마음으로 그 고난을 막고 싶었습니다. 베드로는 예수님을 붙잡고 매달렸습니다.

"주여, 그리 마옵소서. 이 일이 결코 주께 미치지 아니하리이다"
(마 16:22)

그 순간 예수님께서는 베드로를 향해 단호하게 말씀하셨습니다.

"사탄아 내 뒤로 물러 가라 너는 나를 넘어지게 하는 자로다 네가 하나님의 일을 생각하지 아니하고 도리어 사람의 일을 생각하는도다"(마 16:23)

베드로의 말에는 악의가 전혀 없었습니다. 사랑과 충성에서 나온 말이었습니다. 그러나 예수님께서는 그 말 뒤에서 역사하고 있던 영적 흐름을 보셨던 것입니다. 베드로의 배후에서 하나님의 뜻을 가로막으려는 사탄의 영적 공격을 분별하시고 대적하셨던 것입니다.

지금도 사탄은 동일한 방식으로 역사합니다.

영적세계와 그 안에서 벌어지는 전쟁을 알지 못하는 사람들을 향해 여전히 간교하게 접근합니다. 처음부터 사람을 무너뜨리려 달려들지 않습니다. 노골적으로 위협하지도 않습니다.

창세기에서 사탄은 뱀의 모습으로 등장합니다. 하와에게 명령하지 않고, 강요하지도 않으며, 단지 질문 하나만을 던질 뿐이었습니다.

"하나님이 참으로 너희에게 동산 모든 나무의 열매를 먹지 말라 하시더냐"(창 3:1)

이 질문 하나로 하와의 생각이 흔들리기 시작합니다. 하나님을 향한 신뢰는 의심으로 바뀌고, 말씀은 판단의 대상이 됩니다.

"너희가 결코 죽지 아니하리라"(창 3:4)

"너희가 그것을 먹는 날에는 너희 눈이 밝아져 하나님과 같이 되어 선악을 알 줄 하나님이 아심이니라"(창 3:5)

가장 간교한 방법으로 하와의 내면 깊숙한 욕망을 건드린 것입니다. 하나님의 말씀의 기준은 흐려졌고, 하나님을 신뢰하던 자리는 판단하는 자리로 바뀌었습니다.

사탄의 간교한 계략은 지금도 크게 달라지지 않았습니다. 죄를 먼저 들이밀기보다, 생각의 중심을 조금씩 비틀어 놓습니다. 감정을 흔들고, 선택을 흐리게 하며, 보이지 않는 생각의 틈을 파고 듭니다. 성경은 사탄에 대해 이렇게 설명하고 있습니다.

"그 중에 이 세상의 신이 믿지 아니하는 자들의 마음을 혼미하게 하여"(고후 4:4)

어느덧 사탄은 지금 '이 세상의 신'이 되었습니다. 인간의 죄성이 강해질수록 그 영향력은 더욱 확장되어 갑니다. 전쟁과 폭력, 테러와 죽음이 난무하는 이 마지막 시대의 혼란은 이미 시작된 영적전쟁의 한 단면입니다. 그 전쟁은 끝나지 않았고 오히려 마지막을 향해 갈수록 노골적으로 드러나고 있습니다.

요한계시록에서는 사탄의 마지막 모습을 이렇게 묘사하고 있습니다.

"용이 자기의 능력과 보좌와 큰 권세를 그에게 주었더라"(계 13:2)

"또 권세를 받아 성도들과 싸워 이기게 되고 각 족속과 백성과 방언과 나라를 다스리는 권세를 받으니"(계 13:7)

창세기에 뱀으로 등장했던 사탄은 요한계시록에서는 용의 모습으로 나타납니다. 창세기에서는 유혹자로, 지금은 이 세상의 신으로, 마지막 시대에는 핍박자로 등장합니다.[3] 모습은 달라도 목적은 하나입니다. 사람을 하나님으로부터 떼어내고, 삶의 주도권을 빼앗는 것입니다. 문제는 많은 사람들이 이러한 전쟁이 벌어지고 있다는 사실조차 인식하지 못한다는 데 있습니다.

그렇다면 하나님께서는 우리가 어떻게 살기를 바라실까요?[4]

●

3 사탄의 과거/현재/미래의 모습
   1) 사탄의 과거의 모습 (창 3:1-5) : 유혹하는 자
   2) 사탄의 현재의 모습 (고후 4:4) : 이 세상의 신
   3) 사탄의 미래의 모습 (계 12:12, 계 13:2,7-8) : 지배자, 통치자, 핍박자

"근신하라 깨어라 너희 대적 마귀가 우는 사자 같이 두루 다니며 삼킬 자를 찾나니"(벧전 5:8)

"마귀에게 틈을 주지 말라"(엡 4:27)

'깨어 있으라'는 말씀은 두려움 속에 살라는 뜻이 아닙니다. 보이지 않는 세계를 인식하고, 현실을 분별하며 살아가라는 하나님의 요청입니다.

영적세계를 인식하는 순간, 우리의 삶은 달라지기 시작합니다. 밤새 쏟아져 들어왔던 생각의 근원을 알게 됩니다. 반복되던 실패 속에서 일정한 패턴이 보이기 시작합니다. 여러 가지 사건 속에 흐르고 있던 영적인 흐름이 분별이 되기 시작합니다.

감사한 것은, 보이지 않는 세계를 인식하는 삶이 오히려 우리를 더욱 담대하게 만든다는 것입니다. 싸움의 실체를 알기 때문입니다. 그때부터 생각 하나, 감정 하나, 선택 하나를 결코 가볍게 여기지 않게 됩니다.

●

4 마지막 시대를 어떻게 살아가야 할까요?
    1) 근신하고 깨어 있으십시오.
    2) 믿음을 굳건하게 지키십시오.
    3) 마귀를 대적하십시오.
    4) 모든 사람들이 당하는 고난으로 여기며 견뎌내십시오.
    5) 마라나타! 주님의 오실 날을 사모하며 기뻐하고 즐거워하십시오.

보이지 않는 영의세계는 분명히 존재합니다. 그 안에서의 영적 전쟁도 실존합니다. 이제 그 세계를 외면하며 살아갈 것인지, 아니면 깨어 있는 자로 살아갈 것인지의 선택이 우리 앞에 놓여 있습니다.

"너희는 다 빛의 아들이요 낮의 아들이라 우리가 밤이나 어둠에 속하지 아니하니니"(살전 5:5)

내 삶을 주도하는 세 가지 흐름

영적세계를 인식하기 시작하면 한 가지 사실이 분명해집니다. 우리의 삶은 결코 중립 상태로 흘러가지 않는다는 것입니다. 사람은 언제나 어떤 흐름 안에서 생각하고, 느끼고, 선택하며 살아갑니다. 가만히 있는 것처럼 보여도, 영적으로는 이미 어느 방향으로 움직이고 있습니다.

영적세계에서 사람을 중심으로 움직이는 영적 흐름은 세 부류로 나눌 수 있습니다.

첫째, 인간 세계에서 일어나는 영적 흐름입니다.

이 흐름의 중심에는 언제나 '내'가 있습니다.

내 생각, 내 감정, 내 판단, 내 뜻, 내 계획….

내가 느끼는 감정과 내가 옳다고 판단하는 기준이 삶의 중심이 됩니다. 겉으로 보기에는 자유로워 보입니다. 누구의 간섭도 받지 않고 스스로 선택하며 사는 것처럼 자유분방해 보입니다. 그러나 이 흐름의 특징은 하나님께 묻지 않는다는 데 있습니다. 오직 '자기 자신'만 있습니다. 하나님이 주인이 아니십니다. 하나님은 위급하고 필요할 때만 도움을 주는 존재일 뿐입니다.

둘째, 사탄이 주도하는 영적 흐름입니다.

이 흐름은 탐욕과 쾌락, 죄를 중심으로 움직입니다. 이 영적 흐름은 노골적으로 드러나지는 않습니다. 오히려 매우 그럴듯한 모습으로 포장하여 다가옵니다.

"이 정도는 괜찮아."

"다들 이렇게 살고 있잖아."

"지금은 네가 우선이야, 너만 생각해!"

사탄이 만들어 낸 흐름은 인간의 욕망과 자연스럽게 섞입니다. 그래서 분별하지 않는다면 내가 선택한 것인지 사탄의 유혹에 이끌린 것인지 구분하기가 매우 어렵습니다.

왜 이토록 우리는 사탄이 주도하는 영적 흐름에 쉽게 빠지는 것일까요?

사탄은 우리의 상식과 경험에 꼭 맞는 이야기를 하기 때문입니다. 말씀보다 현실이 더 설득력 있게 느껴지도록 합니다. 우리의 본성과 본능 안에 있는 죄성을 정확히 자극하기 때문입니다. 가장 듣고 싶은 말, 가장 쉽게 반응할 지점을 정확히 건드립니다. 악한 영이 주는 생각은 유익하고 신선해 보이기까지 합니다. 당장 손해를 피할 수 있을 것 같고, 더 안전하게 느껴집니다.

무엇보다도 악한 영이 투영한 생각은 인간의 혼과 육을 즉각적으로 반응하게 만듭니다. 감정이 먼저 요동치고, 육체가 반응하며, 생각은 그 반응을 정당화합니다. 이 과정 속에서 많은 사람들은 영적 공격임을 알아차리지 못한 채 사탄이 주도하는 영적 흐름을 빠지게 됩니다.

셋째, 하나님께서 이끄시는 영적 흐름입니다.

하나님이 주도하시는 영적 흐름의 중심에는 하나님의 나라와 의가 있습니다. 이 흐름의 끝에는 언제나 생명과 회복, 자유와 구원이 있습니다.

하나님께서 이끄시는 영적 흐름은 분명합니다. 성령님은 인간의 영 안에서 말씀을 깨닫게 하시고, 양심을 일깨우시며, 생각과 마음을 서서히 변화시키십니다.

그러나 문제는 하나님이 주도하시는 영적 흐름은 거부감을 일으

킨다는 것입니다. 손해를 감수하라고 하시고, 기다리라고 하십니다. 용납하고 용서하라고 하십니다. 오른뺨을 맞았는데 왼뺨도 돌려대라 하십니다. 우리의 생각과 감정은 이 흐름을 싫어하며, 비상식적으로 느껴집니다. 하나님이 이끄시는 흐름은 즉각적인 결과가 나타나지 않아 답답하게 느껴집니다.

무엇보다 우리 안에 성령님이 내주하실 때 이러한 영적 흐름을 이해하고 따라갈 수 있습니다. 혼과 육으로만 반응하는 사람에게 하나님의 인도하심은 무의미하게 느껴지기 때문입니다.

우리는 보이지 않는 세계 안에서 일어나고 있는 영적 흐름에 민감해야 합니다. 내 생각과 감정, 마음이 무엇에 더 쉽게 반응하는지 깨달아야 합니다. 이 모든 것이 우연처럼 보이지만, 실상은 이미 영적세계에서 작동하는 흐름 속에 놓여 있기 때문입니다.

그렇다면 가룟 유다는 이러한 영적 흐름을 알고 있었을까요?

가룟 유다는 처음부터 사탄에게 속한 사람은 아니었습니다. 예수님께서 직접 부르신 제자였습니다. 예수님의 말씀을 듣고 기적을 목격했을 때, 그는 분명 하나님이 인도하시는 영적 흐름 속에 있었습니다. 하지만 가룟 유다의 마음 한편에는 또 다른 영적 흐름이 존재하고 있었습니다. 겉으로는 하나님께 속한 것 같았지만 그의 내면에서는 점점 '내가 원하는 삶'의 흐름이 강해지고 있었습니다. 이를 안 사탄은 은밀히 그에게 다가왔습니다. 결국 가룟 유다는 '나

중심'의 세계를 쫓다 사탄의 덫에 걸리고 말았습니다.

"예수를 팔면 얼마나 될까?"(요 13:2)

사탄은 처음부터 '배신하라'고 명령하지 않았습니다.

"이 정도면 괜찮지 않을까?"

"이 선택이 나에게 더 유리하지 않을까?"

인간 세계의 흐름과 사탄의 흐름이 자연스럽게 섞이는 지점입니다. 결국 가룟 유다는 은 서른 냥이라는 돈의 가치 앞에서 하나님이 이끄시는 흐름을 완전히 떠나고 말았습니다. 탐욕을 붙잡을지 내려놓을지, 말씀을 따라갈지 자신의 생각을 따를지, 그 갈림길에서 '나'를 중심에 둔 선택을 했던 것입니다.

우리의 인생이 어느 날 갑자기 무너지는 것은 아닙니다. 작은 생각 하나, 감정 하나, 무심코 내린 선택 하나가 흐름을 바꿉니다. 그 흐름이 결국 삶 전체를 이끌어 갑니다.

이제 내 삶을 흐르게 하는 방향을 바꿔야 합니다. 사탄의 흐름을 거부하고, 인간 중심의 생각의 흐름에서 벗어나야 합니다. 주도권을 하나님께 돌려 드려야 합니다.

지금 우리는 어떤 흐름에 더 반응하고 있습니까?

"육신의 생각은 사망이요, 영의 생각은 생명과 평안이니라"(롬 8:6)

영의 흐름을 붙잡는 자, 영적전쟁에 서다

나는 멕시코의 사막 한가운데에 교회와 신학교를 세우며 사역해 왔습니다. 아침에 눈을 뜨면 끝없이 펼쳐진 사막이 보입니다. 바람과 모래뿐인 광야입니다. 때때로 사역의 앞이 보이지 않을 때도 있었습니다.

하지만 이 사막에서도 또 다른 세계를 봅니다. 고아들이 하나님의 손길 안에서 회복되고, 상처 입은 영혼들이 다시 일어나는 모습을 봅니다. 지금은 연약하지만, 이 땅을 흔들 하나님의 사람들로 이들이 세워져 나갈 것을 믿음으로 봅니다. 사막에 강을 내시고, 광야에 길을 내시는 하나님을 바라봅니다. 마음이 흔들릴 때마다 기도합니다.

"하나님! 하늘의 문을 열어 주소서. 하나님의 일하심을 보게 하소서. 보이지 않는 세계에서 일하시는 하나님을 믿습니다. 오늘도 제 마음을 붙들어 주셔서 하나님이 주도하시는 영적 흐름을 붙잡게 하소서."

이렇게 기도할 때, 신기하게도 영적세계의 흐름이 한순간에 바뀌는 것을 느낍니다. 보이지 않던 하나님의 역사가 현실에서 나타나기 시작합니다. 놀라운 것은 믿음의 선택 하나가 영적 흐름을 완전히 바꿔 놓을 수 있다는 것입니다.

하나님의 약속의 말씀을 붙들고, 두려움과 의심을 하나님께 내려놓습니다. 예수님의 이름으로 악한 영들을 쫓아내기도 합니다. 그때마다 평안이 임했고 흐릿하던 분별은 더욱 선명해졌습니다. 마치 요단강 앞에 선 여호수아처럼, 오늘도 내 마음과 생각 안에서 전쟁을 치르고 있습니다.

영적전쟁은 어느 날 갑자기 시작되지 않습니다. 이미 생각과 마음 안에서 동시에 진행되고 있습니다. 겉으로는 아무 문제가 없어 보이지만, 마음 깊은 곳에서는 두려움과 불신이 빠르게 자라나기도 합니다. 사탄이 우리 생각의 흐름 속으로 조용히 파고들어올 수 있다는 것을 경계해야 합니다.

무엇보다도 하나님이 주도하시는 영적 흐름을 타기 위해서는 훈련이 필요합니다. 영적 원리를 이해해야 합니다. 여호수아서에 보면 이스라엘 백성이 가나안 땅을 점령할 때 어떻게 무엇으로 누구와 싸웠는지가 잘 기록되어 있습니다.

영적전쟁의 원리를 4단계로 설명할 수 있겠습니다. [5]

---

5 여호수아의 4단계 영적전쟁을 정리하면 아래와 같습니다.
  1) 무 장 : 하나님의 말씀을 믿는 믿음으로 무장해야 합니다.
  2) 쫓아냄 : 하나님의 말씀을 불신하는 마음과 악한 영들을 쫓아내야 합니다.
  3) 싸 움 : 하나님을 대적하여 높아진 것과 악한 영들과의 영적전쟁을 수행해야
    합니다.
  4) 소유함 : 하나님의 나라가 내 안에서 일어나며 성령님의 통치가 실제가 되는
    상태입니다.

무장은 막연한 결심이나 의지가 아닙니다. 하나님의 말씀으로 우리의 생각과 기준을 세우는 것이 무장입니다. 영적전쟁은 생각에서 시작됩니다. 그래서 사탄은 언제나 우리의 생각을 흔들어 댑니다. 말씀이 없는 생각은 감정에 끌려가고, 기준이 없는 선택은 환경에 지배당합니다. 여호수아에게 하나님께서 가장 먼저 주신 명령은 싸우라는 말씀이 아니었습니다.

"이 율법책을 네 입에서 떠나지 말게 하라"(수 1:8)

하나님의 말씀으로 무장하라는 것이었습니다. 진정한 무장은 말씀을 중심에 세우는 것입니다. 하나님의 약속을 붙드는 것입니다. 상황보다 말씀을 먼저 떠올릴 수 있는 상태로 준비하는 것입니다.

무장이 채우는 것이라면, 쫓아냄은 비워내는 것입니다. 말씀으로 채웠다면, 이제 내 안에 자리 잡고 있던 것들을 몰아내야 합니다. 불신, 두려움, 불안, 의심, 자기연민, 열등감, 분노, 미움과 같은 감정들을 쫓아내야 합니다.

"나는 안 될 거야."

"포기하는 게 더 낫지 않을까…."

이와 같은 생각도 쫓아내야 합니다.

성경에 "마귀가 벌써 가룟 유다의 마음에 예수를 팔려는 생각을 넣었더라"라고 기록되어 있습니다(요 13:2). 사탄이 투영한 생각을 받은 결과, '가룟 유다에게 사탄이 들어갔다'고 기록되어 있습니다.

하나님의 말씀으로 무장했다면, 그 다음으로는 사탄이 밀어 넣었던 생각을 다 쫓아내야 합니다. 교묘히 숨어들어온 악한 영들도 쫓아내야 합니다. 떠오르는 악한 생각을 그대로 방치하지 마십시오. 내 안의 감정을 사실처럼 믿지 마십시오. 예수님의 이름으로 거절하십시오. 쫓아내지 않는 악한 생각은 자리를 잡고, 결국 내 삶의 주인이 되려 할 것입니다.

싸움 - 누구와 무엇을 두고 싸우는가?

영적전쟁은 사람과의 싸움이 아닙니다. 환경과의 싸움도 아닙니다. 보이지 않는 배후의 영적 세력과의 싸움입니다. 동시에 이 싸움은 내 안의 옛사람, 육신과의 싸움입니다. 하나님의 방법대로 순종할 것인가, 자신의 경험과 판단을 따를 것인가의 싸움입니다.

즉각적으로 반응하고 싶은 감정과 싸우십시오. 넓은 길로 가고 싶은 유혹과 싸우십시오. 손해 보지 않으려는 계산과 싸우십시오. 악한 영들을 대항하며 싸우십시오.

소유함 - 결국 무엇을 얻게 되는가

영적전쟁의 목적은 단순히 '이겼다는 느낌'이 아닙니다. 하나님은 우리로 하여금 소유하게 하기 위해 싸움의 자리로 인도하십니다. 여호수아가 싸운 이유는 분명했습니다. 하나님의 약속의 땅, 가나안을 소유하기 위함이었습니다.

우리가 영적전쟁을 통해 소유하게 되는 것은 하늘로부터 오는 평안입니다. 상황보다 하나님을 신뢰하는 마음입니다. 감정에 끌려가지 않는 자유입니다. 무엇보다 삶의 주도권이 하나님께 돌아온 상태를 계속 소유하는 것입니다. 소유함의 결과는 하나님께서 우리의 삶에 주인이 되시는 것입니다. 우리 안에 진정한 하나님의 나라를 소유하는 것입니다.

영의세계가 열린 사람은 영의 흐름을 분별할 줄 압니다. 생각이 흔들릴 때, 감정이 요동칠 때, 자신이 어느 영적 흐름 위에 서 있는지를 점검합니다. 작은 결단 하나가 쌓여 결국 큰 승리가 된다는 것을 알기 때문입니다.

여호수아가 요단강을 건너 약속의 가나안 땅을 소유한 것처럼, 우리도 말씀으로 무장해야 합니다. 내 마음 안에 자리 잡으려는 사탄의 흐름을 거절해야 합니다. 그리고 믿음으로 영적전쟁에 설 때, 마침내 하나님의 통치를 삶 속에서 경험하게 될 것입니다.

"너희가 무장하고 여호와 앞에서 요단을 건너가서 여호와께서 그의 원수를 자기 앞에서 쫓아내시고 그 땅이 여호와 앞에 복종하게 하시기까지 싸우면 여호와 앞에서나 이스라엘 앞

믿음으로 보는 눈, 영의세계를 붙잡다

영국의 설교자, 찰스 스펄전은 이렇게 말했습니다.

"믿음은 현실을 부정하는 능력이 아니라, 현실 너머에 계신 하나님을 먼저 보는 능력이다."

이 말은 믿음의 본질을 정확히 꿰뚫습니다. 믿음은 막연한 낙관이나 긍정적인 태도가 아닙니다. 믿음은 보이지 않는 세계를 실제로 인식하는 눈입니다. 눈앞의 현실에 매이지 않고, 그 현실을 움직이고 있는 하나님의 손길을 먼저 바라보는 시선입니다.

우리는 대부분 눈에 보이는 것에 익숙합니다. 상황, 조건, 환경을 기준 삼아 사람과 인생을 판단합니다. 하지만 성경은 분명히 말합니다. 보이는 세계가 먼저가 아니라, 보이지 않는 세계가 먼서 존재했고, 지금도 보이지 않는 세계가 보이는 세계를 주도하고 있다고 말입니다.

성경의 첫 장면도 동일하게 표현하고 있습니다.

"땅이 혼돈하고 공허하며 흑암이 깊음 위에 있고 하나님의 영은 수면 위에 운행하시니라"(창 1:2)

하나님께서 창조 사역을 시작하기 전, 이 세상은 혼돈하고 공허하며 흑암에 덮여 있었습니다. 그러나 그 가운데에서도 하나님의 영은 수면 위에 운행하고 계셨습니다. 하나님께서 말씀하시기 시작했을 때, 비로소 천지가 움직이며 창조되기 시작했습니다. 보이는 세계가 존재하기 전에 보이지 않는 세계에서 하나님은 이미 운행하고 계셨다는 뜻입니다.

영의세계는 결코 단순한 상상이 아닙니다. 지금도 살아 움직이며, 우리의 삶과 생각, 선택과 방향에 실제로 영향을 미치고 있습니다. 하나님께서 우리의 영의 눈을 열어주실 때, 우리는 비로소 깨닫게 됩니다. 사람들의 삶과 나아가 내 마음속에서 일어나는 생각과 감정조차도 보이지 않는 세계의 흐름 속에서 나타난 결과였음을 말입니다.

나는 그동안 많은 고아 아이들의 삶을 지켜봤습니다. 그중 한 아이가 있었습니다. 부모 모두가 마약 중독자였고, 결국 아버지는 환각 상태에서 스스로 생을 마감했습니다. 어머니는 감옥에 가게 되었고, 그 아이는 열 살 무렵 고아원에 들어왔습니다. 그 아이의 조건은 결코 좋지 않았습니다. 고아원 안에서 많은 아이들이 절망했습니다. 부모를 향한 원망, 세상에 향한 분노와 체념 속에서 방황하기도 했습니다. 마약과 폭력, 왜곡된 성 정체성의 혼란에 빠지기도 했습니다. 심지어 어떤 아이들은 마피아 조직으로까지 흘러들어 갔습니다.

하지만 그 아이는 달랐습니다. 그 아이에게는 다른 아이들과 분명히 다른 '믿음의 눈'이 있었습니다. 자신의 인생을 불행하다고 여기지 않았습니다. 환경을 핑계 삼아 인생을 포기하지도 않았습니다. 그 아이는 보이지 않는 세계를 바라보는 믿음의 눈을 가지고 있었습니다.

어느 날 그 아이가 이렇게 고백했습니다.

"제게는 아버지도 없고, 어머니도 없어요. 돈도 없고, 가진 것도 없어요. 그럼에도 제게는 가장 소중한 분이 계세요. 저를 고아처럼 내버려 두지 않으시고, 눈동자처럼 지켜보시는 가장 좋으신 하나님 아버지가 계세요. 그래서 저는 불행하지 않아요. 세상에서 가장 축복받은 사람이에요."

이 아이의 고백을 들으며 나는 깨달았습니다. 이 아이를 붙들고 있는 것은 환경이 아니라 믿음으로 보는 영적인 눈이라는 사실을 말입니다. 같은 조건, 같은 상처 속에서도 한 아이는 절망을 보았고, 다른 한 아이는 하나님을 보았습니다.

이 모습은 성경 속 인물들과 너무도 닮아 있었습니다.

다니엘은 나라의 운명이 흔들리는 시대 속에서도 소망을 가지고 기도했습니다. 눈에 보이는 변화는 더뎠지만, 보이지 않는 세계에서는 이미 천사들이 움직이고 있었습니다. 다니엘은 하늘에서 일어나고 있는 영적전쟁을 인식할 수 있는 믿음의 눈을 가지고 있었기에 끝까지 기도의 자리를 떠나지 않았습니다(단 10:12-21).

사도 바울 역시 그랬습니다. 감옥에 갇히고, 쇠사슬에 묶여 있었지만 그는 말했습니다.

"우리의 싸우는 무기는 육신에 속한 것이 아니요 오직 어떤 견고한 진도 무너뜨리는 하나님의 능력이라"(고후 10:4)

그는 감옥이라는 현실보다 영의세계에서 일하시는 하나님의 능력을 보고 있었습니다.

믿음으로 보는 눈은 현실을 부정하지 않습니다. 오히려 현실을 더 정확하게 해석하게 합니다. 고아원 아이도, 다니엘도, 사도 바울도 모두 같은 믿음의 눈을 가지고 있습니다. 우리 또한 믿음의 눈을 가져야 합니다. 그러할 때 환경에 끌려가지 않고 하나님께서 주도하시는 흐름 위에 서게 됩니다.

더 중요한 사실은, 믿음의 눈이 열릴 때 영적전쟁이 제대로 보이기 시작한다는 것입니다. 이전에는 감정의 문제로만 여겼던 것이 영적 공격임을 깨닫게 됩니다. 단순한 환경의 문제라 생각했던 것이 유혹이며 시험이라는 것을 분별하게 됩니다.

믿음의 눈으로 영적세계를 보았던 사도 바울이 고백했습니다.

믿음의 눈이 없는 사람은 영적전쟁을 인식하지 못한 채 사람과 싸웁니다. 상황과 환경, 감정과 싸웁니다. 누구와 싸워야 하는지 알지 못한 채, 늘 같은 자리에서 반복해서 무너집니다.

반면 믿음의 눈이 열린 사람은 다릅니다. 싸움의 대상을 압니다. 자신이 처한 문제의 근원이 눈에 보이는 현실 너머에 있다는 사실을 분별합니다.

이제 우리는 영의세계를 아는 것에서, 그 세계 안에서 누구와 어떻게 싸워야 하는지를 배우게 될 것입니다. 믿음으로 보는 눈이 열렸다면, 이제 그 눈으로 실제 영적전쟁터를 바라볼 준비를 하십시오. 하나님께서는 지금 우리를 '하나님의 나라가 이 땅에 임하게 하라'는 부르심 앞에 서는 용사로 초청하고 계십니다.

그 거룩한 부르심 앞에 서 있는 한 사람이 바로 여러분입니다.

"믿음은 바라는 것들의 실상이요 보이지 않는 것들의 증거니

선진들이 이로써 증거를 얻었느니라"(히 11:1-2)

PART 02

영적전쟁의 구조
(영적세계와 영적전쟁 알아가기)

"마귀의 간계를 능히 대적하기 위하여
하나님의 전신 갑주를 입으라"

(엡 6:11)

눈에 보이는 현실만이 전부라고 믿는 순간, 우리는 제한된 세계 속에 갇힙니다. 그러나 삶의 이면에는 눈에 보이지 않는 힘들이 끊임없이 작용하며 우리의 마음, 생각, 관계, 선택까지 흔들어 댑니다. 영적전쟁은 단순한 상상이 아닙니다. 실제로 일어나며, 누구도 피할 수 없습니다. 때로는 두려움과 압박, 절망이 눈앞에 현실처럼 다가오지만, 그 배후에는 보이지 않는 세력이 움직이고 있습니다.

멕시코의 예배당에서 홀로 기도하던 날, 나는 그 사실을 온몸으로 느꼈습니다. 그날은 기도가 잘 되지 않았고, 마음 깊은 곳에 우울함과 두려움이 밀려왔습니다. 갑작스러운 절망감이 몰려오면서 스스로 이렇게 중얼거렸습니다.

"내가 지금 이 멕시코 사막에서 도대체 무엇을 하고 있는 거지…."

하나님이 주신 사명이 아무것도 아닌 것처럼 느껴지면서 깊은 무력감이 찾아왔습니다. 그 순간, 성령님께서 나의 영안을 열어 주셨습니다. 나에게 좌절의 생각을 주입하고 있던 악한 영들이 선명하게 보였습니다.

'지금 내 생각이라고 여긴 것이 사실은 악한 영들이 넣어준 것이었구나….'

순간, 분노가 일어났습니다. 악한 영들이 심어 준 생각을 그대로 받아들이고 사명을 포기했다면 얼마나 끔찍했을지 몸서리를 쳤습니다. 바로 예수님의 이름으로 대적하자, 악한 영들이 한순간에 사라졌습니다. 그때 비로소 깨달았습니다.

'영적세계가 진짜 있었구나. 영적전쟁은 실전이구나. 이 싸움을 인식하지 못한다면 누구든지 다 넘어지겠구나….'

믿음 안에 있어도, 사명을 따라 살아도, 시련과 유혹은 언제나 찾아옵니다. 구원을 받은 순간부터 사탄은 더 날카로운 공격을 시도합니다. 하지만 지피지기면 백전백승이라는 말처럼 적을 알고 나를 알면 백 번을 싸워도 승리할 수 있습니다.

이제 우리는 영적전쟁의 실체를 외면하지 말아야 합니다. 영적전쟁은 피할 수 없는 싸움이며, 이를 모른 채 살아간다면 패배할 수밖에 없습니다.

영적전쟁에서 승리하는 길은 믿음의 눈으로 보는 것입니다. 또한 전쟁터 안에서 하나님이 주신 전술과 전략을 사용하는 것입니다.

영적전쟁, 피할 수 없는 현실

멕시코 사역의 현장은 늘 치열합니다.

고아와 마약 중독자, 불법 체류자와 같은 길 잃은 영혼들이 끊임 없이 찾아옵니다. 그 현장에서 만난 블란돈이라는 청년의 모습은 지금도 선명하게 남아 있습니다. 그는 마약 중독으로 이미 눈동자가 돌아갔고, 두려움에 사로잡혀 있었습니다. 그는 공포에 질린 채 이렇게 중얼거렸습니다.

"제발 건들지 마! 제발 나를 그냥 놔둬! 나를 죽이지 마!"

마약의 환각 속에서 그는 누군가와 대화를 하고 있었습니다. 어둠의 존재가 그를 둘러싸고 있었습니다. 블란돈을 향해 우는 사자처럼 달려드는 악한 영들의 공격이 나의 온 세포 하나하나에서 느껴지는 듯 했습니다.

'이미 전쟁에서 패배하고 있구나. 그를 어떻게 건져낼 수 있을까. 어떻게 해야 자유롭게 할 수 있을까…."

눈에 보이는 영역은 스스로를 자해하며 발작을 하는 것이었습니다. 블란돈을 그냥 두었다가는 만신창이가 될 수밖에 없다고 느껴졌습니다. 이 전쟁에서 패배한다면 결국 죽음에 이를 수도 있겠다는 생각이 들었습니다. 그때부터 블란돈 안에서 벌어지고 있는 싸움의 실체에 집중하기 시작했습니다.

마약으로 인한 환각 속에서 그는 마치 보이지 않는 존재들의 명령을 듣고 움직이는 듯했습니다. 속삭임과 압박, 설명할 수 없는 공포가 그의 영혼을 옭아매고 있었습니다. 그의 눈빛과 몸짓은 단순한 정신 질환의 증상이 아니었습니다. 실제 전쟁터 한가운데서 짓눌린 영혼이 터뜨리는 절규처럼 느껴졌습니다. 나는 간절히 기도했습니다.

"하나님, 블란돈을 살려 주소서. 사탄의 올무에서 건져 주소서. 자유케 하소서."

곧바로 믿음으로 대적했습니다.

"내가 예수 그리스도의 이름으로 명하노니, 블란돈을 잡고 있는 마약의 영과 자살의 영은 다 떠나갈지어다. 무저갱으로 갈지어다!"

그 순간, 블란돈에게 한 줄기 빛이 스며드는 것이 느껴졌습니다. 그의 몸은 파르르 떨렸고, 이내 흐느끼기 시작했습니다. 하나님의 임재 가운데 어둠은 물러갔고, 영적 족쇄가 풀리는 것 같았습니다. 나는 확신할 수 있었습니다. 이 전쟁은 실제이며, 동시에 하나님께서 주도하시는 전쟁이라는 사실을 말입니다.

영적전쟁터는 가상의 세계가 아닙니다. 게임처럼 선택적으로 참여하는 영역도 아닙니다. 보이지 않을 뿐, 이미 우리 삶 깊숙이 스며들어 있습니다. 어둠의 권세는 우리의 마음과 선택, 관계와 삶의 구석구석까지 이미 영향을 미치고 있습니다.

하나님께서 영적전쟁을 허락하신 이유는 분명합니다. 믿음을 굳건히 세우고, 영적 분별을 훈련하기 위함입니다. 궁극적으로는 성령 안에서 흔들림 없이 세워지도록 빚어 가는 과정입니다.

영적전쟁에서의 승리는 단순히 시험을 통과했다는 것에 머물지 않습니다. 그 종착지는 하나님과 동행하며, 진정한 그분의 자녀로 성화되어 가는 것입니다.

사탄은 실제로 존재하며, 세상을 지배하려는 분명한 목적을 가지고 하나님의 일을 방해하고 있습니다. 하지만 두려움에 사로잡힐 이유는 없습니다. 사탄은 언제나 하나님의 허락하신 경계 안에 머물러 있기 때문입니다. 우리의 약점과 틈을 노리지만, 그 순간에도 하나님은 우리를 보호하시며 길을 여시기 때문입니다. 사탄의 공격은 결과적으로 믿음을 연단하고 영적 성숙으로 이끄는 도구에 지나지 않기 때문입니다.

기억해야 할 것은 영적전쟁은 외부에서만 벌어지지 않는다는 것입니다. 우리의 생각과 마음, 감정과 의지는 하나로 연결되어 있으며, 사탄은 이 내면의 통로를 통해 침투합니다.[1] 이 때문에 하나님

---

1 악한 영이 인간의 혼과 육의 영역을 장악해 들어오는 4단계 원리
  1단계 공격 : 인간의 혼의 지성, 감정의 영역을 공격 (마 16:22-23)
  2단계 침투 : 인간의 혼의 지성, 감정, 의지에 침투 (요 13:2, 마 26:14-16)
  3단계 잠식 : 인간의 혼의 지성, 감정, 의지, 양심의 화인, 육체의 점진적 잠식 (눅 22:3-6)
  4단계 장악 : 인간의 혼과 육의 모든 영역이 장악하고 사로잡음 (막 5:4-5)

께서는 "모든 지킬 만한 것 중에 더욱 네 마음을 지키라"고 명령하신 것입니다(잠 4:23).

인간의 마음은 단순히 감정을 담아 놓은 곳이 아닙니다. 선택과 결정이 내려지는 중심입니다. 이 자리를 지킬 때 영적 공격을 분별할 수 있고, 무너지지 않을 힘이 생깁니다. 이러한 과정을 통과할 때 영적근육은 단단해지고, 분별력은 더욱 선명해집니다.

지금은 마지막 때입니다.

마태복음 24장에 기록된 환난의 징조들이 곳곳에서 드러나고 있습니다. 마지막 때가 가까워질수록 세상의 혼란은 깊어지고, 사탄의 공격은 더욱 집요해질 것입니다.

"이 모든 것은 재난의 시작이니라 그 때에 사람들이 너희를 환난에 넘겨주겠으며 너희를 죽이리니 너희가 내 이름 때문에 모든 민족에게 미움을 받으리라"(마 24:8-9)

마지막 때에 가장 큰 환난은 외적인 고난이 아닙니다. 하나님을 떠나는 것입니다. 영적전쟁에서 패배한 결과로 믿음에서 이탈하는 사람들이 늘어날 것입니다. 마지막 때의 영적전쟁은 피할 수 없는 현실입니다. 이 싸움 앞에서 믿음을 지켜야 합니다. 믿음을 지키기 위한 전쟁을 준비해야 합니다.

영적전쟁은 두려움의 대상이 아닙니다. 하나님께서 자녀를 성숙하게 세우시는 필수 과정입니다. 하나님을 신뢰하고 한 걸음을 내

디딜 때, 영적세계가 열리고 그 안에서의 영적전쟁이 실제 삶의 자리에서 펼쳐지게 될 것입니다.

> "근신하라 깨어라 너희 대적 마귀가 우는 사자 같이 두루 다니며 삼킬 자를 찾나니 너희는 믿음을 굳건하게 하여 그를 대적하라"(벧전 5:8-9)

우리 주변에서 움직이는 영적 존재들

영적전쟁은 특별한 사람에게만 일어나는 사건이 아닙니다. 사명을 받은 사람이나 어떠한 영적 체험을 한 사람만의 이야기도 아닙니다. 영적전쟁은 우리가 살아갈 때 피할 수 없는 필연적 현실입니다. 사람은 영적세계를 외면한 채 살아갈 수 없습니다. 이미 영적세계의 영향을 받으며 살아가고 있기 때문입니다. 영적세계와 분리된 존재가 아니기 때문입니다.

성경에도 사람을 단순한 육체로 규정하지 않습니다.

하나님께서는 흙으로 사람을 지으신 후, 그 코에 생기를 불어넣어 생령이 되게 하셨습니다(창 2:7). 이는 사람이 물질적 차원에 머무는 존재가 아니라, 영적세계와 교제하고 반응하도록 창조되었음을 의미합니다. 영적세계는 혼란스럽게 흘러가는 영역이 아닙니다. 분명한 질서와 구조 속에서 흘러갑니다.

영적인 존재를 크게 네 부류로 분류할 수 있습니다. 삼위일체 하나님, 천사, 사탄과 그의 악한 영들, 그리고 사람입니다. 이 네 존재는 눈에 보이지는 않지만, 우리의 생각과 마음, 선택과 행동 속에서 실제로 역사합니다. 영적전쟁은 이 네 부류가 얽혀 있는 구조 안에서 전개됩니다.

하나님 - 절대적 주권자이시며 가장 높은 권위

영적세계에서 가장 높으신 분은 삼위일체 하나님이십니다. 성경에 '하나님은 영이시니 예배하는 자가 영과 진리로 예배할지어다'라고 기록되어 있습니다(요 4:24). 하나님은 눈에 보이는 형상을 지닌 분이 아니라, 영으로 존재하시는 분이십니다.

사람이 하나님의 형상대로 창조되었다는 것은 외형적인 닮음을 뜻하지 않습니다. 하나님의 신성(신적 능력)과 인성(하나님의 성품과 인격)을 담을 수 있는 존재로 지음 받았다는 의미입니다. 더 나아가 하나님을 인식하고, 반응하며, 하나님의 뜻에 순종할 수 있는 존재로 창조되었습니다.

성령님은 예수님을 믿는 성도의 영 깊은 곳에 내주하십니다.[2] 우리의 생각과 마음, 의지를 다스리시며 하나님의 뜻을 이루도록 이끌고 가십니다. 성령님과의 교제 속에서 우리는 영적으로 거듭나고 살아납니다. 동시에 그 과정에서 영적전쟁이 현실임을 깨닫게 됩니다. 성령님의 내주와 임재는 위로와 평안만을 가져오는 것이 아니라, 어둠과의 실제적인 충돌을 동반하기 때문입니다.

천사 - 하나님의 뜻을 수행하는 하나님의 사자

천사 역시 영적 존재입니다. 성경은 "모든 천사들은 섬기는 영으로서 구원받을 상속자들을 위하여 보내심을 받는 자"라고 설명합니다(히 1:14). 천사는 하나님을 섬기며, 하나님의 명령에 따라 사람을 돕는 사명을 수행합니다.

중요한 것은, 천사가 사람의 내면으로 들어와 역사하지는 않는다는 점입니다. 천사는 하나님이 허락하신 범위 안에서 보호하고

●

2 영적세계를 이끄시는 성령님의 사역
  1) 창조사역에 참여, 예수님의 잉태와 탄생을 가능
  2) 사람들에게 영감을 주셔서 성경을 쓰게 하심
  3) 죄에 대해 의에 대해 심판에 대해 가르치시며 세상을 향해 책망하심
  4) 예수님을 증언하시고 진리 가운데로 이끄시며 하나님의 영광을 나타내심
  5) 말없는 탄식으로 간구하시며 중보하고 계심
  6) 구원을 인치시고 거룩한 성품을 갖게 하심
  9) 성령의 은사와 성령의 열매를 맺도록 이끌어 주심
  10) 권능을 주셔서 예수님의 증인된 삶을 살도록 능력을 주심

돕는 역할을 감당하지만, 사람의 자유의지와 선택을 침범하지는 않습니다. 또한 천사는 경배의 대상이 아니며, 영적전쟁의 주체도 아닙니다. 천사는 언제나 하나님의 질서와 권위 아래에서 움직이는 섬기는 영입니다.

이에 반해 사탄과 그의 악한 영들은 명확한 공격자입니다. 그들의 목적은 단순합니다. 하나님의 형상대로 지음 받은 사람을 하나님으로부터 분리시키는 것입니다.

악한 영들은 대개 죄, 상처, 거짓을 통로로 삼아 접근합니다. 시작은 대부분 생각입니다. 보통의 경우 악한 생각이 마음에 머물면 감정이 반응하고, 감정은 행동으로 이어집니다. 이러한 흐름이 반복되면 습관으로 굳어지고, 결국 의지와 양심까지 잠식하며 삶의 방향을 통제하려 합니다. 많은 영적전쟁은 바로 이 지점에서 본격화됩니다.

이러한 악한 영들의 침투 구조를 인식하지 못하면, 갈등의 원인을 사람이나 환경에서만 찾게 됩니다. 그러나 실상은 보이지 않는 영역에서 이미 전선이 형성된 경우가 적지 않습니다.

내가 아는 어떤 권사님의 간증입니다.
권사님은 평생을 가족을 위해 헌신하며 살아왔던 분이었습니다.

어느 날 사소한 말다툼 이후 마음 깊은 곳에 분노가 자리 잡기 시작했습니다. 처음에는 순간적인 감정이라 여겼지만, 그 감정은 말과 행동으로 점점 확대되었습니다. 그 틈을 타 악한 영은 죄책감과 자기비하를 계속적으로 주입했습니다.

"내 인생은 실패했다. 나는 실패한 부모다….”

"내가 없어져도 아무도 관심 없을 거야. 죽어도 아무도 모를 거야….”

이러한 생각들이 깊어질수록 마음은 어두워져만 갔습니다. 자신의 삶 전체가 무너져 내리는 것처럼 우울감에 사로잡혔습니다. 악한 영들의 공격임을 눈치 챈 권사님은 예수님의 이름으로 대적했습니다. 그 순간, 마음을 짓누르던 슬픔이 사라졌고, 설명할 수 없는 평안이 임했습니다. 얽혀 있던 감정의 매듭이 풀리면서 가족과의 관계는 순식간에 회복되었습니다.

사람 - 영적전쟁의 중심에 선 존재

사람 역시 영적인 존재입니다. 인간의 생각과 마음, 감정과 의지는 영적세계와 깊이 연결되어 있습니다. 사탄은 이 통로를 통해 침투하려 하고, 성령님은 진리와 생명으로 그 자리를 채우십니다.

성경은 반복해서 사람의 내면을 강조합니다. 왜냐하면 영적전쟁의 가장 치열한 전선이 사람의 내면이기 때문입니다. 생각이 어디에 머물고 있는지, 감정이 무엇에 반응하는지, 의지가 무엇을 선택하는

지가 영적인 방향을 결정합니다. 우리의 내면이 지켜질 때 공격은 분별되고, 성령 안에서 정확한 대응이 가능해집니다. 이러한 과정을 통하며 영적 분별력은 깊어지고, 믿음은 더욱 단단해집니다.

> "사랑하는 자들아 영을 다 믿지 말고 오직 영들이 하나님께
> 속하였나 분별하라 많은 거짓 선지자가 세상에 나왔음이라"
> (요일 4:1)

사람 안에서 역사하는 영적 존재들

어떠한 영적인 존재가 역사하느냐에 따라 우리의 삶 전체가 달라질 수 있습니다. 성경은 영적세계를 모호하게 설명하지 않습니다. 분명한 구분과 질서가 있습니다. 삼위일체 하나님, 천사들, 사탄과 악한 영들, 그리고 사람, 이 네 부류가 영적세계를 구성합니다. 여기서 기억해야 할 것은 사람은 영적인 존재이며, 동시에 영적세계에서 가장 집중되는 존재라는 점입니다.

그렇다면 이 네 부류 가운데, 실제로 사람 안에서 역사할 수 있는 영적 존재는 무엇일까요?

사도 바울은 에베소의 성도들에게 물었습니다.

"너희가 믿을 때에 성령을 받았느냐?"(행 19:2)[3]

"그 안에서 너희도 진리의 말씀 곧 너희의 구원의 복음을 듣고 그 안에서 또한 믿어 약속의 성령으로 인치심을 받았으니"(엡 1:13)

성령의 내주하심은 믿음의 통로를 통해 이루어집니다. 예수님께서 구주이심을 듣고 믿을 때, 그 믿음 위에 성령님께서 우리의 영 안에 내주하십니다.

성령님은 거룩한 영이시기에 회개 없는 자리에는 머무르지 않으십니다. "나는 죄인입니다"라는 고백 가운데, 이신칭의(죄는 있으나 죄가 없는 자로 여겨 주시는 은혜)를 통해 성령님께서 우리의 영 안에 내주하십니다.[4]

이 지점에서 인간의 구조에 대한 이해가 필요합니다.

●

3 성령님이 내주해 계신지 안계신지 확인하는 성경적 방법
  1) 믿음이 있는가? (롬 10:9-10)
  2) 영생(천국)을 향한 소망이 있는가? (빌 3:20)
  3) 하나님을 아빠아버지라고 고백하고 있는가? (롬 8:15-16)
  4) 회개했는가? 변화된 삶을 살고 있는가? (고후 7:10)
  5) 성령의 은사가 나타나고 있는가? (고전 12:4-11)
  6) 성령의 내주의 확실한 증거가 있는가?

4 성령님이 반드시 내주하셔야만 하는 이유
  1) 성령님이 내주하실 때 구원이 완성되기 때문
  2) 진정한 믿음생활로 진입될 수 있기 때문
  3) 우리의 삶 가운데 능동적으로 개입하실 수 있기 때문

“여호와 하나님이 땅의 흙으로 사람을 지으시고 생기를 그 코에 불어넣으시니 사람이 생령이 되니라”(창 2:7)

하나님께서는 흙으로 육체를 빚으셨습니다. 그 육체에 생기를 불어 넣으셨습니다. 이 생기는 단순한 호흡이 아니라 영과 혼을 의미합니다. 인간은 육체와 혼과 영으로 구성된 존재입니다(살전 5:23). 하나님께서는 인간의 영의 자리를 성령의 처소로 삼으셨습니다.

“너희는 너희가 하나님의 성전인 것과 하나님의 성령이 너희 안에 계시는 것을 알지 못하느냐”(고전 3:16)

성령님의 내주하심은 예수님을 믿을 때 주시는 은혜의 선물입니다. 그 은혜 안에서 우리는 하나님을 ‘아바 아버지’라 부르며, 하나님의 자녀로 살아가게 되는 것입니다.

그러나 동시에 악한 영 역시 사람 안에 들어올 수 있다는 것입니다. 예수님의 공생애 동안, 회당 안에는 귀신 들린 사람이 있었습니다. 그는 예배의 자리에 있었지만, 악한 영들의 지배를 받고 있었던 것입니다(막 9:17-18, 눅 4:33-35).

여기서 분별해야 할 중요한 원리가 있습니다. 성령님과 악한 영이 사람 안에 역사하는 방식이 전혀 다르다는 점입니다. 성령님은 믿음을 통해 내주하십니다. 반면, 악한 영은 틈을 타고 침투합니다.

“마귀에게 틈을 주지 말라”(엡 4:27)

그 틈은 주로 죄에서부터 시작됩니다. 생각이 흔들리고, 감정이 반응하며, 반복된 죄의 선택이 습관이 될 때 그 자리는 악한 영의 발판이 됩니다. 악한 영이 사람 안에 들어와 집을 짓고 동거하게 되는 것입니다.

사탄은 가룟 유다에게 가장 먼저 예수님을 팔 생각을 집어넣었습니다. 그 생각이 마음에 닿자, 결국 그 틈새 안으로 들어가 장악했습니다(눅 22:3).

하지만 악한 영들은 사람의 영 안으로는 들어오지 못합니다. 사람의 영은 오직 성령님의 영역이기 때문입니다. 대신 사람의 혼과 육의 영역(생각, 감정, 의지, 양심, 상처, 쓴뿌리)에 자리를 잡고 그곳을 근거지 삼아 계속해서 인간의 본성을 자극합니다. '마귀에게 틈을 주지 말라'는 경고는 하루아침에 생긴 틈을 말하지 않습니다. 대부분은 사소한 생각에서 시작되어, 방치된 마음에서 굳어집니다.

사람 안에서 일어나는 영적 흐름은 언제나 생각의 통로를 따라 마음으로 스며듭니다. 우리의 생각을 말씀 앞에 세우느냐, 그대로 흘려보내느냐에 따라 영의 흐름은 달라집니다. 영적전쟁은 거창한 사건에서 시작되지 않습니다. 오늘 붙든 한 생각, 악에게 내어준 한 감정, 그 작은 선택에서부터 시작됩니다.

예전에 상담 중에 이런 질문을 받은 적이 있습니다.

"선교사님, 믿는 사람에게는 귀신이 절대 들어올 수 없지요? 우리 안에 성령님이 계시잖아요."

반은 맞고, 반은 틀린 말입니다. 예수님께서 치유하신 귀신 들린 사람들 가운데 상당수는 회당에서 예배를 드리던 사람들이었습니다. 지금으로 말하면, 교회 안에서 신앙생활을 하는 성도였다는 것입니다.

저 역시 많은 집회 현장에서 그 장면을 목격했습니다. 성령님의 임재가 강력하게 내릴 때, 어떤 이들에게는 성령의 충만이 임했고, 어떤 이들에게는 숨어 있었던 악한 영들이 드러났습니다. 이 차이는 분명합니다. 성령님은 우리의 영 안에 내주하시고, 악한 영들은 혼과 육을 장악하고 있기 때문입니다. 성령님의 통치와 악한 영의 침투 영역이 다르기 때문입니다.

문제는 우리의 영 안에 내주하신 성령께서 죄로 인해 근심하시며(엡 4:30), 소멸되실 수도 있다는 것입니다(살전 5:19). 더 나아가 죄에 머물게 된다면 마귀에게 틈을 줄 수도 있다는 것입니다(엡 4:27). 그 죄의 틈새로 악한 영들이 비집고 들어올 수 있다는 것입니다.

우리는 깊이 묵상해 보아야 합니다.
"지금 내 생각을 이끄는 영적 존재는 누구인가?"
"내 감정과 의지를 주도하는 영적 흐름은 어디로부터 온 것인가?"
"내 안에 성령님이 내주해 계시는가? 악한 영이 역사하고 있는가?"

영적세계에서 일어나는 일들을 신비주의로만 치부해서는 안 됩니다. 보이지 않을 뿐, 이 순간에도 전쟁은 진행 중입니다. 그 결과는 고스란히 우리의 삶 속에서 나타나고 있습니다.

성령님의 내주하심은 하나님의 큰 은혜입니다. 날마다 성령님의 통치 아래 머무는 삶[5], 바로 그 자리에서 영적전쟁의 승패는 결정됩니다. 그 싸움은 지금 이 순간에도 계속되고 있습니다.

> "우리가 세상의 영을 받지 아니하고 오직 하나님으로부터 온 영을 받았으니"(고전 2:12)

가장 치열한 영적전쟁터, 인간의 영혼육

많은 이들이 영적전쟁이라 하면 보이지 않는 세계에서 벌어지는

---

5 성령님의 통치를 강화시키는 5단계 영적원리
　　1) 환영
　　2) 인식
　　3) 인정(동의)
　　4) 순종
　　5) 통치

악한 영들과의 싸움만을 떠올립니다. 맞습니다. 에베소서 6장 12절에 기록된 대로 우리의 씨름은 하늘에 있는 악의 영들을 상대하는 것이기 때문입니다.

그러나 성경은 또 다른 영적전쟁터가 있다고 말합니다. 그 전쟁터는 생각하는 것보다 훨씬 가까운 곳에 있습니다. 바로 사람의 영혼육입니다. 가장 먼저 시작되고 가장 치열하게 전개되는 전쟁은 외부가 아닙니다. 우리 안에서 벌어집니다. 눈에 보이지 않을 뿐, 이 순간에도 보이지 않는 전선은 형성되어 있고 충돌은 계속되고 있습니다.

사도 바울은 사람의 내면에서 펼쳐지는 영적전쟁을 숨김없이 기록해 놓았습니다.

사도 바울은 자신 안에 하나님의 선을 향한 갈망이 존재하고 있다고 했습니다. 동시에 그 갈망을 가로막는 악, 곧 사망의 법이 함께 작동하고 있음도 깨달았습니다. 그 연약함 앞에서 그는 '오호라 나는 곤고한 자로다'라고 탄식합니다(롬 7:24). 이는 믿음이 연약한 사람의 탄식이 아닙니다. 영적전쟁의 실체를 정확히 인식한 사람만

이 할 수 있는 신앙 고백입니다.

영적전쟁에서 승리하기 위해서는 몇 가지 원리를 기억해야 합니다.

첫째, 영적세계가 존재하며 그 안에서 실제 전쟁이 벌어지고 있음을 인식하는 것입니다. 이 사실을 깨닫는 순간, 사람은 더는 자기 자신을 신뢰하지 않게 됩니다. 시선은 자연스럽게 하나님께로 향하게 됩니다.

둘째, 영적전쟁의 승리는 오직 하나님께 달려 있음을 인정하는 것입니다. 지식으로 아는 차원을 넘어 '아멘'으로 응답하며 하나님을 의지해야 합니다. 이 동의가 이루어질 때, 전쟁의 주도권은 사람에게서 하나님께로 옮겨지게 됩니다. 여호와께서 군대 대장으로 우리를 대신해 싸우시기 시작합니다.

셋째, 순종의 삶을 사는 것입니다. 이는 삶의 주권을 하나님께 내어드리는 훈련입니다. 하나님의 말씀 앞에 자신을 세워나가며, 감정과 상황보다 하나님의 뜻을 우선에 두는 삶을 사는 것입니다.

마지막으로, 믿음으로 대적하는 것입니다. 내 안에 하나님보다 높아진 것이 있다면, 두 주인이 자리 잡고 있다면, 그대로 두지 않고 밀어내야 합니다. 악한 영의 묶임도 대적할 때 끊어질 수 있습니다. 믿음으로 대적할 때 자유케 되는 역사가 일어납니다.

이러한 인간 내면의 전쟁은 인류의 시작부터 존재했습니다.

최초의 인간 아담과 하와 역시 이 싸움에서 자유롭지 못했습니다. 뱀으로 가장한 사탄은 가장 먼저 그들의 생각을 흔들었습니다.

"하나님이 참으로 너희에게 동산 모든 나무의 열매를 먹지 말라 하시더냐"(창 3:1)

이 질문은 단순한 호기심을 유도하는 말이 아니었습니다. 하나님의 말씀에 대한 신뢰를 약화시키는 치밀한 영적 침투였습니다. 하와가 뱀의 말에 귀를 기울이는 순간, 전세는 서서히 기울기 시작합니다. '반드시 죽으리라'는 말씀이 '죽을까 하노라'로 바뀌는 지점에서 이미 생각의 균열은 시작되었습니다(창 3:2-3). 마음속에는 선악과를 먹고 싶은 욕망이 스며들고 있었습니다. 뱀은 그 미세한 틈을 놓치지 않습니다.

"너희가 결코 죽지 아니하리라"(창 3:4)

생각이 흔들리자 감정이 반응합니다. 선악과가 보암직하고, 먹음직하며, 탐스럽게 느껴집니다. 인간의 혼의 생각에서 시작된 균열은 결국 선악과를 먹는 육의 선택으로 이어졌습니다(창 3:6). 죄는 언제나 이와 동일한 경로를 따릅니다. 생각에서 시작되어 마음에 머물고, 감정을 흔들어 행동으로 이어집니다.

분명한 것은 아담과 하와가 하나님의 말씀을 인식하고, 인정하며, 동의함으로 순종했다면 영적전쟁에서 패배하지는 않았을 것입니다. 자라나는 악한 생각을 대적했다면 에덴동산에서 쫓겨나지 않아도 되었을 것입니다. 그러나 그들은 영적전쟁을 인식하지 못했고, 결국 뱀의 유혹에 넘어가고 말았습니다.

그 결과는 분명했습니다. 하나님의 임재 앞에서 숨게 되었고, 두려움에 사로잡혔습니다. 서로 돕는 배필로 창조된 아담과 하와는 불평을 쏟아내었고 자녀세대에서는 살인까지 일어났습니다. 이러한 모습은 비단 아담과 하와만의 이야기가 아닙니다. 우리의 모습이기도 합니다.

그럼에도 하나님은 인간을 포기하지 않으셨습니다.

"아담아, 네가 어디 있느냐"(창 3:9)

이 부르심은 관계 회복을 향한 하나님의 초청이었습니다. 가죽옷을 입히신 사건은 죄를 덮어 주시고자 했던 하나님의 사랑이었지만 결국 그들은 영적전쟁에서 패배한 결과로 하나님과 멀어지게 되었습니다.

이와 대조적으로, 영적전쟁의 원리를 인식하고 인정하며 동의한 인물이 바로 다니엘입니다. 다니엘을 통해 우리는 누구와 싸워야 하는지를 깨닫게 됩니다.[6]

---

6 내 안에서 일어나는 영적전쟁, 무엇과 싸워야 하는가?
   1) 자기 자신과의 전쟁 (속사람 & 겉사람)
   2) 세상과의 전쟁 (두 주인–세상과 재물)
   3) 악한 영들과의 전쟁 (하늘과 땅의 전쟁)

그의 첫 번째 전쟁터는 자기 자신이었습니다. 인간의 영혼육 안에서 벌어지는 싸움이었습니다. 사도 바울이 탄식했던 바로 그 지점입니다(롬 7:19-21). 다니엘 역시 이 싸움을 피하지 않았습니다. 왕이 주는 음식과 포도주로 자신을 더럽히지 않겠다는 마음은 단순한 절제가 아니었습니다. 하나님의 말씀으로 그의 혼과 육을 다스리고자 했던 영적 전투였습니다. 영적전쟁에서 승리한 결과 하나님께서는 환관장의 마음을 움직이셨고 다니엘 편에 서 주셨습니다.

두 번째 전쟁터는 세상이었습니다. 왕의 명령과 압박 속에서도 그는 하루 세 번 하나님께 기도하는 믿음의 행보를 멈추지 않았습니다(단 6:10). 이미 자기 자신과의 싸움에서 승리한 사람은 세상의 위협 앞에서도 쉽게 무너지지 않습니다. 다니엘이 사자 굴에 던져졌을 때, 하나님은 천사를 보내 사자의 입을 막으셨습니다(단 6:22). 이 싸움은 다니엘 혼자만의 전쟁이 아니라, 하나님께서 친히 감당하신 전쟁이었습니다.

마지막으로 가장 치열한 전쟁은 다니엘서 10장에서 펼쳐집니다. 자기 자신과 세상과의 전쟁에서 승리한 다니엘이 중보기도자로서 하늘에 있는 악한 영들과 맞서는 장면입니다(단 10:12-13). 하늘과 땅의 전쟁을 수행했던 것입니다. 다니엘의 기도가 돌파되었고 영적세

계에서는 놀라운 일들이 벌어졌습니다.[7]

마지막 때 하나님께서는 다니엘과 같은 용사들을 부르고 계십니다. 자기 자신과의 싸움에서 패배한다면, 세상 앞에서는 당연히 타협할 수밖에 없습니다. 악한 영들은 세상과 하나님의 겸하여 섬기는 성도들을 결코 두려워하지 않는다는 것입니다.

제가 아는 한 집사님의 이야기입니다.

그분은 기도의 사람이었습니다. 남편이 분노를 쏟아낼 때마다 이렇게 말하곤 했습니다.

"이건 남편 문제가 아니라 남편 안에 있는 분노의 영이 역사하는 거예요."

누구와 싸워야 하는지는 분명히 알고 있었습니다. 남편 안에서 역사하는 어둠을 분별할 줄 아는 영적인 눈도 있었습니다. 하지만 현실은 처참했습니다. 매일같이 다툼이 반복되었고, 싸움 뒤에는 깊은 정죄감이 찾아왔습니다. 이유는 분명했습니다. 첫 번째 전쟁

---

7 기도가 돌파될 때 보이지 않는 세계에서 일어나는 일들 (단 10:13-14)
   1) 하나님의 임재가 강하게 내림
   2) 하나님의 천사가 돕기 시작함
   3) 치열한 영적전쟁이 시작됨
   4) 사탄의 견고한 진이 파쇄되고 어둠의 권세가 물러감
   5) 영적인 눈이 열리고 계시가 풀어지며 하나님의 일들을 깨닫게 됨
   6) 하나님의 역사가 일어나며 기도응답이 보이는 세계에서 나타나게 됨

터인 자기 자신과의 싸움에서 승리하지 못했기 때문입니다. 무장해 제가 가장 쉽게 일어나는 곳이 바로 자기 자신이었기 때문입니다.

남편 안의 어둠은 인식하고 있었지만, 자신의 마음을 지키는 싸움에서는 무너지고 있었습니다. 분노에 쉽게 반응했고, 억울함에 휘둘렸으며, 결국 눈에 보이는 사람과 혈과 육의 싸움에 매몰되었습니다. 그 결과, 남편 안에 역사하던 악한 영들을 쫓아낼 수 없었던 것입니다.

자기 자신과의 싸움에서 승리하지 못한다면, 세상 앞에서도 두 마음으로 흔들리게 됩니다. 그 결과 하나님과 재물을 겸하여 섬기게 되고, 그 틈을 통해 악한 영들은 주도권을 잡게 됩니다.

이제 우리는 실제적인 전쟁터를 바라보아야 합니다. 내 안에서 속사람과 겉사람이 어떻게 충돌하는지, 그 싸움에서 패배할 때 어떤 열매가 맺히는지를 깨달아야 합니다. 인식하고, 인정하며, 동의하고, 순종할 때 비로소 대적할 수 있는 믿음이 세워진다는 것을 기억해야 합니다.

겉사람 VS 속사람의 영적전쟁

성령님께서 인간의 영 안에 내주하시는 순간, 새로운 싸움이 시작됩니다. 이 전쟁은 혈과 육의 싸움이 아니라, 눈에 보이지 않는 영적세계에서 벌어지는 치열한 전쟁입니다.

성경은 이 싸움을 속사람과 겉사람 사이에서 벌어지는 전쟁으로 설명합니다. 성령님의 통치 아래 날마다 새로워지는 속사람과, 죄와 인간의 본성의 영향력 아래에 있는 겉사람 사이에는 끊임없는 전쟁이 일어납니다.

> "그러므로 우리가 낙심하지 아니하노니 우리의 겉사람은 낡아지나 우리의 속사람은 날로 새로워지도다"(고후 4:16)

이 말씀에는 중요한 비밀이 담겨 있습니다. '낙심하지 않는다'는 고백은 이미 낙심할 만한 이유가 충분히 존재한다는 뜻이기도 합니다.

그렇다면 우리는 왜 낙심하게 될까요?

영적전쟁은 눈에 보이지 않기 때문입니다. 눈에 보이는 싸움이라면 전략도 분명하고 결과 역시 즉각 확인할 수 있을 것입니다. 그러나 영적세계는 그렇지 않습니다. 아무리 예수님의 이름으로 대적해도, 당장 눈에 띄는 변화가 나타나지 않을 때 사람은 쉽게 좌절하게 됩니다.

그럼에도 영의세계에서는 엄청난 변혁이 일어나고 있다는 것을 믿으셔야 합니다. 문제는 결과가 아니라 그것을 바라보는 인식의 관점에 있습니다. 영의세계 그 안에서의 영적전쟁은 지식과 체험이 함께 쌓여갈 때 비로소 흔들리지 않습니다.

속사람과 겉사람의 전쟁을 이해하기 위해서는, 먼저 인간을 구성하는 영혼육의 구조를 알아야 합니다.

하나님께서는 사람을 흙으로 지으시고, 그 코에 생기를 불어넣으심으로 생령이 되게 하셨습니다(창 2:7). 죄를 짓기 전 아담은 영이 주도권을 가진 존재였습니다. 아담의 영이 혼을 이끌고, 혼이 육을 다스리는 질서가 유지되고 있었습니다.

그러나 타락 이후의 상황은 달라졌습니다. 하나님과의 교제가 끊어졌고 사람의 영은 어두워졌습니다. 결국 혼이 주도권을 잡았으며 육체의 욕망이 인간을 끌고 가기 시작했습니다. 이것이 바로 겉사람이 통치하는 인간의 모습입니다.

그렇다면 속사람의 주체와 끌고 가는 힘은 어디에서 비롯될까요?[8]

---

8 현재 나의 속사람이 강건한지를 점검해 보는 질문들
"성령으로 말미암아 너희 속사람을 능력으로 강건하게 하시오며"(엡 3:16)
  1) 죄를 지었을 때 양심의 요동이나 가책이 있으십니까?
  2) 하루에도 하나님을 수시로 생각하고 있습니까?
  3) 하나님을 생각할 때 친밀한 마음이 드십니까?

속사람의 주체는 거듭난 사람의 영입니다.

사람의 영은 예수님을 믿는 순간 깨어나기 시작하며, 성령께서 내주하시게 됩니다. 로마서 8장 14절에 하나님의 영으로 인도함을 받는 사람들이 곧 하나님의 자녀라고 말씀합니다. 성령님께서 우리의 영과 더불어 하나님의 자녀임을 증언하시며, 우리를 하나님의 양자의 영으로 살아가게 하십니다(롬 8:15-16).

속사람의 주체는 사람의 영이지만, 속사람을 실제로 이끌어 가시는 분은 성령님이십니다. 성령의 법, 곧 하나님의 통치 원리가 속사람을 통해 작동됩니다. 속사람은 성령님의 음성에 순종할수록 강건해지며, 하나님의 뜻을 분별하고 순종하는 힘을 얻게 됩니다.

반면 겉사람의 주체는 인간의 혼입니다.

혼은 지성과 감정, 의지와 선택의 영역이며 자유의지와 양심도 포함됩니다. 문제는 사람의 혼이 사탄의 영향력 아래 길들여져 왔다는 데 있습니다. 성경은 인간이 본질상 진노의 자녀로서 살아왔다고 말씀합니다(엡 2:3). 예수님께서는 인간의 왜곡된 욕망과 거짓

4) 성경말씀을 주기적으로 읽고 있습니까?
5) 기도 없이 하루를 보내는 것이 불편하십니까?
6) 예배를 드릴 때 은혜가 부어져 감동과 감격을 자주 느끼십니까?
7) 사람보다 하나님을 더 의식하고 있습니까?

의 근원이 옛 아비 마귀에게서 비롯된 것이라고 말씀하셨습니다(요 8:44). 우리의 겉사람은 혼을 통해 육체를 움직이며, 죄에 대해 민감하게 반응합니다. 인간에 본성 안에 죄성이 남아있기 때문에 우리의 생각과 감정이 통제되지 않는다면 아주 쉽게 사탄의 통로가 될 수 있다는 것입니다.

우리가 기억해야 할 것은, 사람의 내면에서 속사람과 겉사람이 실제로 충돌하고 있다는 것입니다. 사도 바울은 인간의 영혼육 안에서 벌어지고 있는 영적전쟁을 실제로 경험한 사람이었습니다. 선을 행하기 원하는 마음이 있음에도 불구하고, 동시에 악이 함께 거하고 있음을 그는 인식했습니다. 속사람으로는 하나님의 법을 즐거워하지만, 또 다른 법이 마음의 법과 싸워 죄의 법으로 자신을 끌고 가는 현실 속에서 '나는 곤고한 사람이로다'라며 탄식합니다(롬 7:21-23). 이것이 바로 성령께서 내주하신 이후에 시작되는 영적전쟁의 실체입니다. 속사람과 겉사람의 전쟁은 성령님이 내주하신 이후부터 본격적으로 시작됩니다. 거듭났다고 해서 전쟁이 끝나는 것이 아니라, 오히려 그때부터 진짜 전쟁이 시작됩니다. 그래서 사도 바울은 죄와 피 흘리기까지 대항하여 싸우라고 권면했던 것입니다.

무엇보다도 인간의 혼이 주체가 된 겉사람이 이겼을 때 나타나는 결과를 인식해야 합니다. 이 문제는 우리의 영혼의 구원과 연결되어 있기 때문입니다.

만약 겉사람이 주도권을 잡게 된다면, 그 열매는 분명하게 드러납니다. 성경은 이를 육체의 일이라고 부릅니다. 음행과 더러움, 분쟁과 시기, 분냄과 분열, 방탕과 같은 악한 열매가 나타납니다(갈 5:19-21). 겉사람이 다스리는 삶에는 하나님의 통치가 자리 잡을 수 없습니다. 이러한 상태가 지속될 경우, 하나님의 나라를 유업으로 받지 못한다고 경고합니다. 천국에 입성할 수 없다는 뜻입니다.

반대로 속사람이 주도권을 회복할 때, 분명한 변화가 나타납니다.[9]

첫째, 성령의 열매가 맺힙니다.

사랑과 희락, 화평과 오래 참음, 자비와 양선, 충성과 온유와 절제는 인간의 노력의 결과가 아니라 성령 충만의 열매입니다(갈 5:22-23).

둘째, 하나님의 나라가 우리의 영 안에 세워집니다.

하나님의 나라는 외적인 조건에 있지 않습니다. 성령 안에 있는

---

9 속사람이 영적전쟁에서 승리했을 때 나타나는 현상
   1) 육체의 것들이 현저히 나타나지 않게 됨 (갈 5:19-21)
   2) 성령의 법이 통치하므로 사망의 법에서 해방됨 (롬 8:1-2)
   3) 하늘의 신분과 시민권을 받게 됨 (요 8:44, 롬 8:16)
   4) 성령의 열매(하나님의 성품과 형상)가 맺혀짐 (갈 5:22-23)
   5) 우리의 영 안에 하나님의 나라가 세워짐 (롬 14:17, 눅 17:20-21)

의와 평강과 희락입니다(롬 14:17). 하나님의 나라는 볼 수 있게 임하는 것이 아니라, 우리의 영 안에서 이루어집니다(눅 17:20-21). 그런 연유로 예수님께서 "하나님의 나라는 너희 안에 있느니라"라고 말씀하셨던 것입니다(눅 17:21).

셋째, 통치의 전환이 일어납니다.

생명의 성령의 법이 죄와 사망의 법을 밀어내며 진정한 자유가 임합니다(롬 8:1-2). 그때부터 우리 안에서 성령님의 역사는 더욱 강해집니다. 성령의 충만함을 더 오랫동안 유지할 수 있게 됩니다.

넷째, 영과 혼의 연합이 이루어집니다.

인간의 혼이 더 이상 사탄의 영향력 아래 있지 않고 성령님의 통치 아래에 있는 영과 하나가 됩니다. 쉽게 설명하자면 인간의 혼이 성령님 통치 아래에 있는 영에게 복종하는 것입니다. 속사람(성령님, 인간의 거듭난 영)의 다스림 안에 있으면서 영과 혼과 연합하여 하나님을 섬기게 되는 것입니다. 다윗이 고백한 '내 영혼의 갈급함'은 바로 이 상태를 보여 줍니다(시 42:1, 시 143:7). 이는 죄를 짓기 전 아담의 상태, 곧 하나님의 형상으로 회복되어 가는 과정입니다.

속사람과 겉사람의 전쟁은 결국 선택의 문제입니다.

우리는 누구의 통치 아래 살아갈 것인지, 누구의 음성에 귀를 기울일 것인지를 선택해야 합니다. 이 싸움은 천국에 갈 때까지 계속되겠지만, 한 가지 분명한 약속이 있습니다. 성령님의 음성에 순종하는 사람은 결코 홀로 싸우지 않는다는 것입니다. 성령께서 끝까지 이끌어 가시며, 대신 싸워주시며, 우리의 영혼을 지키시고 하나님의 나라에 이르도록 인도하신다는 것입니다.

"육신의 생각은 사망이요 영의 생각은 생명과 평안이니라"(롬 8:6)

생각을 둘러싼 치열한 영적전쟁

C.S.루이스는 이렇게 말했습니다.

"우리가 싸우는 전쟁은 눈에 보이는 영역을 넘어서, 마음과 생각 속에서 먼저 시작된다."

영적전쟁은 언제나 눈에 보이는 영역에서 시작되는 것처럼 느껴집니다. 그러나 실제로 가장 먼저 전쟁이 촉발되는 지점은 '생각'입니다. 말보다 앞서 생각이 흔들리고, 행동보다 먼저 생각이 점령당한다는 것입니다.

나는 이 사실을 기도 가운데 깨달았습니다. 예전에 기도하는 중에 수많은 생각이 밀려와 도저히 기도에 집중할 수 없었습니다. 아무리 기도를 이어가려 해도 잡생각이 파도처럼 밀려와 마음을 잡을 수가 없었습니다. 그때 마음을 내려놓고 이렇게 기도했습니다.

"성령님, 제 생각을 정리해 주세요. 기도에 집중할 수 있도록 도와주세요."

바로 그 순간, 하나님께서 하나의 환상을 보여 주셨습니다. 눈에 보이지 않는 영적세계에서 하늘 가득히 검은 무리가 떠 있는 장면이 보였습니다. 마치 까마귀 떼가 공중을 가득 메우듯, 시커먼 존재들이 하늘 전체를 덮고 있었습니다. 그 모습은 단순한 군집이 아니라, 마치 하늘에 세워진 하나의 견고한 진과 같았습니다.

자세히 보니 그 어둠의 무리로부터 무언가가 끊임없이 쏟아지고 있었습니다. 음란한 생각, 미움의 생각, 분노의 생각, 절망의 생각, 심지어 자살의 생각에 이르기까지 악한 영들은 수많은 생각들을 이 땅을 향해 퍼붓고 있었습니다.

그 가운데에는 악한 영들이 쏟아 붓는 생각을 그대로 받아들이는 사람들이 보였습니다. 죄의 틈이 열려 있는 사람들, 영적으로 방어되지 않은 사람들, 생각의 문이 열려 있는 사람들에게 악한 생각들이 스며들었습니다. 그 순간부터 그들은 악한 영들이 투영한 생각에 이끌려 살아가고 있었습니다. 그때 깨달았습니다.

'악한 영들은 가장 먼저 생각을 통해 공격하고 침투하는구나….'

행동이 아니라, 생각이 영적전쟁의 출발점이라는 사실을 말입니다.

영적전쟁에서 가장 먼저 공격받는 곳은 바로 생각의 영역입니다.[10] 악한 영들은 인간의 생각을 통로 삼아 마음을 장악해 나갑니다. 마음을 움직여 죄된 행동으로 이끌고 갑니다. 마침내 삶 전체를 지배하려 듭니다. 이러한 생각을 둘러싼 영적전쟁은 조용히 시작되지만, 그 결과는 분명하게 드러납니다.

예수님께서 베드로를 향해 "사탄아 내 뒤로 물러가라"라고 말씀하신 장면을 떠올려 보십시오. 베드로는 인간적인 판단으로 말했지만, 예수님은 베드로의 말 속에 담긴 생각의 근원을 분별하셨습니다. 그것은 하나님의 일이 아니라 사람의 일이었고, 그 배후에는 사탄의 역사가 있었습니다(마 16:23).

가룟 유다의 경우는 더욱 분명합니다. 성경에 마귀가 예수를 팔려는 생각을 그의 마음에 넣었다고 기록되어 있습니다(요 13:2). 생각은 외부로부터 투영되었지만, 그 생각에 동의한 순간, 그는 죄를 선택하게 되었고, 결국 사탄이 그의 마음에 들어가 장악하고 말았

---

10 악한 영으로부터 투영된 생각이 확장되어 나가는 5단계 원리
  1) 1단계 공격 : 생각의 침투
  2) 2단계 공격 : 생각–마음의 침투
  3) 3단계 공격 : 생각–마음–행동의 침투
  4) 4단계 공격 : 생각–마음–행동–죄에 대한 동의와 허락
  5) 5단계 공격 : 생각–혼의 영역 잠식–육체의 종속–악한 영의 완전한 장악

습니다. 결국 가룟 유다는 죄 없는 예수님을 팔았다는 극심한 정죄
감에 사로잡혀 목을 매고 자살했습니다.

우리가 기억해야 할 것은 모든 생각이 동일한 출처에서 나오는
것은 아니라는 것입니다. 성경은 생각의 근원이 분명히 다르다고
말합니다.

첫째, 사람에게서 비롯되는 생각이 있습니다(막 7:20-21).

둘째, 성령께서 주시는 하나님의 생각, 곧 하나님의 감동이 있습
니다(요 14:26).

셋째, 악한 영들로부터 투영되는 생각이 있습니다(요 13:2).

악한 영이 투영한 생각은 처음부터 죄의 얼굴을 하고 나타나지
않습니다. 오히려 인간의 성향과 너무도 닮아 있어서 자연스럽고
합리적으로 느껴집니다. 잠재된 본성과 욕망을 건드리고 감정을 자
극하며, 때로는 유익해 보이기까지 합니다. 그래서 우리는 그 생각
에 쉽게 동의하게 됩니다.

반대로 하나님의 생각은 우리의 본성과 정반대입니다. 비상식적
으로 느껴지기도 하고, 그 생각을 따를 경우 손해를 보는 것처럼 느
껴져 선뜻 받아들이기 어렵습니다.

"오른 뺨을 맞거든 왼쪽 뺨도 돌려대라"(마 5:39)

"악을 악으로 갚지 말고 선으로 갚으라"(롬 12:17, 21)

"내려놓으라, 포기하라, 견뎌내라"

이러한 하나님의 생각은 때로는 바보처럼 느껴져 감정적으로 받아들이기 어려울 때도 있습니다. 영적으로 분별하지 않으면 거부하고 싶은 생각으로 다가오기도 합니다.

이런 연유로 우리는 생각이 어떻게 확장되어 나가는지를 잘 알고 있어야 합니다. 이 과정을 이해할 때 비로소 생각의 공격을 초기에 차단할 수 있기 때문입니다. 처음에는 하나의 생각이 스며듭니다. 그 생각이 마음에 머물면 행동으로 이어지고, 행동은 반복되면서 죄에 대한 동의로 굳어집니다. 그 결과 혼의 영역이 잠식되고, 육체가 종속되며 악한 영의 통치가 점점 강화됩니다.

여기서 중요한 것은 생각을 다루는 영적 훈련이 필요하다는 것입니다. 성경은 반복해서 말합니다. "깨어 있으라", "대적하라", "믿음을 굳게 하라"(벧전 5:8-9). 이는 들어오는 생각을 방치하지 말라는 강력한 경고입니다. 생각을 지키는 일은 곧 마음을 지키는 일입니다. 왜냐하면 마음에 쌓인 것이 결국 말과 삶으로 흘러나오기 때문입니다(눅 6:45).

부르짖는 기도와 토설기도는 우리의 혼 안에 쌓인 생각을 밖으로 내보내는 통로입니다. 방언 기도는 생각의 작동을 잠시 멈추게 하여 영의 영역을 활성화시키는 훈련입니다. 하나님의 생각을 입으로 선포하는 순간, 다른 생각들은 힘을 잃기 시작합니다. 우리의 생각은 스쳐 지나가는 것이 아니라 반드시 쌓입니다. 그리고 어디에 어떻게 쌓이느냐에 따라 삶의 방향이 결정됩니다.

성령님께서 주시는 생각과 감동은 아무 그릇에나 머물러 있지 않습니다. 순종과 결단, 거룩함을 사모하는 마음 위에 머물게 됩니다. 그렇기 때문에 영적 권세는 생각의 창고를 관리하는 데서부터 시작됩니다.

속사람이 깨어 있을 때 성령님의 감동은 생각의 창고에 차곡차곡 쌓입니다. 그 감동은 혼의 영역으로 흘러가 생각을 정화시킵니다. 악한 생각은 더 이상 스며들 틈을 찾지 못합니다. 반대로 우리의 생각의 창고를 지키지 못할 때 악한 영의 생각은 아주 쉽게 들어오게 됩니다.

나 역시도 생각을 둘러싼 영적전쟁을 실제로 경험하며 생각의 창고를 비우는 훈련을 반복해 왔습니다. 매일 말씀과 기도를 붙잡고 오직 하나님으로부터 오는 생각만을 생각의 창고에 채워 넣기 위해 죄된 생각과 피 흘리기까지 대항하여 싸웠습니다. 그 과정 속에서 속사람이 깨어지고 내 생각이 거룩해지는 것을 경험했습니다.

결국 영적전쟁에서 가장 치열한 전쟁터는 생각의 영역입니다. 사람의 생각과 사탄이 쏟아 부었던 생각이 비워질 때 하나님의 생각으로 채워질 수 있습니다.[11] 불필요한 생각을 차단하고 오직 하나님으로부터 오는 생각을 받겠다고 결단할 때 영적전쟁에서 승리하게 됩니다. 우리가 깨어 분별하며 하나님의 생각을 선택한다면, 이 전쟁에서 반드시 승리할 것입니다.

"이는 내 생각이 너희의 생각과 다르며 내 길은 너희의 길과 다름이니라… 내 생각은 너희의 생각보다 높음이니라"(사 55:8-9)

보이지 않는 전쟁의 중심 – 마음

영적전쟁은 언제나 보이지 않는 영역에서 시작되지만, 그 영향은 우리의 일상과 삶의 깊숙한 곳까지 스며듭니다. 많은 이들이 영

11 휘몰아치는 생각을 통제하는 구체적인 방법과 훈련
   1) 보고 듣고 느끼는 영역을 제한하십시오.
   2) 근신하고 깨어 마음을 지키십시오.
   3) 부르짖는 기도와 토설기도를 통해 악한 생각을 토해 내십시오.
   4) 혀를 길들이고 다스리는 훈련을 하십시오.
   5) 방언으로 기도하십시오(생각의 작동을 제한하는 훈련).
   6) 생각을 투영하고 있는 악한 영들을 대적하십시오.
   7) 사탄/세상/자신의 생각보다 하나님의 생각을 선포하십시오.

적전쟁을 악한 영을 대적하는 것으로만 이해합니다. 그러나 실상 가장 치열한 싸움은 그보다 훨씬 이전, 이미 보이지 않는 지점에서 시작됩니다. 곧 생각이 머무는 자리, 마음의 영역입니다.

악한 영의 공격은 대개 생각의 통로를 통해 시작됩니다. 생각이 흔들리면 마음이 요동하고, 마음이 요동하면 감정이 눌리게 됩니다. 이 지점에 이르면 대부분의 경우 분별하고 있음에도 불구하고, 정작 대적해야 한다는 의지 자체를 상실하기 쉽습니다. 마귀가 역사하고 있다는 사실을 알고 있으면서도, 입술에서는 예수님의 이름이 나오지 않는 상태에 이르게 되는 것입니다.

이 대목에서 성경 속 한 인물을 떠오릅니다. 바로 사울 왕입니다. 사울은 처음부터 악한 왕이 아니었습니다. 그는 하나님의 기름 부음을 받은 왕이었고, 실제로 하나님의 영이 임했던 사람이었습니다. 하지만 다윗이 등장한 이후, 그의 마음속에는 균열이 생기기 시작합니다.

"사울이 죽인 자는 천천이요, 다윗은 만만이로다"(삼상 18:7)

다윗을 칭송하는 여인들의 노래가 그의 귀에 들려왔을 때부터 이미 전쟁은 시작되고 있었습니다. 이것은 단순한 노래가 아니었습니다. 사울 왕의 마음을 공격하는 생각의 침투였습니다. 그때부터 사울 왕은 다윗을 주목하기 시작했습니다(삼상 18:9). 처음에는 경계였고, 곧 비교가 시작되었으며, 마침내 시기와 질투가 그의 마음에 가득 차게 되었습니다.

문제는 사울 왕이 시기와 질투의 마음을 내려놓지 않았다는 데 있었습니다. 그는 다윗을 마음속에서 경쟁자로 키워 갔고, 미움은 점점 깊어져만 갔습니다. 그 결과는 명확했습니다.

"여호와의 영이 사울에게서 떠나고 여호와께서 부리시는 악령이 그를 번뇌하게 한지라"(삼상 16:14)[12]

사울 왕의 마음이 미움과 분노로 가득 차자, 그 틈을 타 악한 영이 역사하기 시작한 것입니다. 마음을 지키지 못한 결과, 점점 분별력을 잃어갔고, 하나님의 음성보다 자신의 감정에 이끌리는 사람이 되었습니다. 결국 그는 하나님께 버림을 받을 수밖에 없었습니다.

이에 비해 다윗은 정반대의 삶을 살았습니다.

다윗 역시 수많은 영적전쟁터 가운데 있었습니다. 골리앗 앞에 섰을 때, 그는 외적인 조건으로는 가장 불리한 사람이었습니다. 그럼에도 그의 마음은 흔들리지 않았습니다. 상황을 바라보지 않고,

---

12 나는 지금 어떤 사람의 유형에 속해 있을까?
　　1) 악령으로 시작했다 악령으로 끝나는 사람
　　2) 성령으로 시작했으나 육체로 변질되는 사람
　　3) 성령으로 시작했으나 불법으로 치닫는 사람
　　4) 성령으로 시작했으나 악령으로 마치는 사람
　　5) 성령으로 시작했으나 성령이 근심하시고 소멸되는 사람
　　6) 성령으로 시작하여 성령으로 마치는 사람

오직 하나님만을 바라보았습니다. 다윗은 전쟁의 한복판에서 골리앗을 향해 이렇게 외쳤습니다.

"너는 칼과 창과 단창으로 내게 나아오거니와 나는 만군의 여호와의 이름 곧 네가 모욕하는 이스라엘 군대의 하나님의 이름으로 네게 나아가노라"(삼상 17:45)

이미 그의 마음이 하나님 편에 서 있었기에 전쟁에서 승리할 수 있었습니다. 수없이 많은 고난 속에서도, 심지어 사울 왕이 창을 던지며 자신을 죽이려 했을 때에도 다윗은 마음을 지켰습니다(삼상 18:10-11). 사울 왕을 죽일 수 있는 기회가 있었음에도 불구하고 "여호와의 기름 부음 받은 자를 내가 치지 아니하리라"라고 고백하며 마음을 다잡았습니다(삼상 24:6). 죄된 마음을 비운 만큼, 그의 마음은 점점 하나님으로 채워졌습니다.

한 시대를 살았던 사울 왕과 다윗의 차이는 분명합니다. 마음을 지켰느냐, 지키지 못했느냐의 차이였습니다. 그 결과 다윗은 이스라엘의 왕이 되었고, 하나님의 마음에 합한 사람으로 세워졌습니다(삼상 13:14).

나 역시 멕시코의 사막 한가운데에서 치열한 마음의 전쟁을 수없이 경험해 왔습니다. 멕시코는 내게 있어 하나님께서 훈련하시는 광야와도 같은 곳입니다. 뼛속 깊이 우러나오는 외로움, 눈에 보이는 열매가 없는 상황 속에서 마음이 무너질 것 같은 순간들이 참 많았습니다. 그때마다 마음을 지키는 일이 쉽지 않았습니다.

"왜 나만 이 외로운 길을 가야 하지…. 이제 그만두어도 되지 않을까…."

그럴 때마다 믿음의 사람들을 떠올렸습니다. 다윗과 모세, 엘리야 역시 광야에서 마음의 전쟁을 치렀다는 사실이 나의 마음을 다시 붙들어 주었습니다. 환경은 쉽게 바뀌지 않았지만, 성령께서는 설명할 수 없는 평강을 내 안에 부어 주셨습니다. 마음을 지키는 싸움은 절대 쉽지 않았습니다. 그러나 그 싸움을 포기하지 않을 때, 하나님께서 다시 일으켜 세워 주셨습니다.

우리는 영적전쟁에서 또 다른 전쟁터가 마음의 자리라는 것을 기억해야 합니다. 생각의 전쟁에서 무너질 때, 악한 영들은 마음을 향해 더욱 쉽게 밀고 들어올 수 있기 때문입니다. 마음을 빼앗겨 버린다면 기도조차 나오지 않습니다. 그러나 마음을 지킬 수 있다면, 마음을 요동치게 하는 악한 영들을 대적하며 몰아낼 수 있습니다.

성경은 분명히 말합니다. 마음을 지킨 자와 지키지 못한 자의 결론은 결코 같지 않다고 말입니다. 믿음으로 마음을 붙들고, 믿음으로 하나님의 편에 설 때, 보이지 않는 세계는 실제로 움직이기 시작합니다. 영적전쟁은 결국 마음의 전쟁이며, 동시에 믿음의 전쟁입니다.

마음을 지키는 전쟁은 오늘도 계속되고 있습니다. 그러나 믿음으로 마음을 지키고자 몸부림칠 때 결코 패배하지 않을 것입니다. 하나님께서 우리의 마음을 붙잡아 주시며, 하나님의 뜻 가운데로 인도하시기 때문입니다.

> "모든 지각에 뛰어난 하나님의 평강이 그리스도 예수 안에서
> 너희 마음과 생각을 지키시리라"(빌 4:7)

견고한 진, 마음 속 깊이 자리한 영적요새

치열한 생각과 마음의 전쟁을 지나오며 한 가지 깨닫게 된 사실이 있습니다. 우리의 삶을 강하게 붙잡고 있는 것은 마음 속 깊이 자리 잡은 '견고한 진'이라는 영적 요새라는 것입니다. 이 요새는 눈에 보이지 않지만, 우리의 생각과 마음을 둘러싸며 하나님의 뜻과 진리가 스며들지 못하도록 막아서고 있다는 것입니다.

사도 바울은 이 영적 실체를 분명히 인식하고 있었습니다.

> "우리의 싸우는 무기는 육신에 속한 것이 아니요 오직 어떤
> 견고한 진도 무너뜨리는 하나님의 능력이라 모든 이론을 무
> 너뜨리고 하나님 아는 것을 대적하여 높아진 것을 다 무너뜨

성경이 말하는 견고한 진은 단순한 성격이나 기질, 혹은 마음을 의미하는 것이 아닙니다. 견고한 진은 '하나님을 아는 것을 대적하여 높아진 모든 것'입니다. 다시 말해 하나님의 진리보다 더 옳다고 믿어 온 생각과 경험, 상식과 감정이 오랜 시간 쌓여 형성된 영적 요새라는 것입니다. 이 견고한 진은 하나님의 말씀이 선포되어도 마음 깊숙이 스며들지 못하게 하고, 성령님의 감동이 임해도 쉽게 흘려보내게 만듭니다.

이러한 견고한 진은 대체로 세 가지 흐름 속에서 형성됩니다.

첫째는 자신의 내면에서 형성된 견고한 진입니다.

편견, 선입견, 고정관념, 판단, 두려움과 불신은 오랜 시간에 걸쳐 마음 깊은 곳에 자리를 잡습니다. 예수님의 고향 사람들도 선입견을 가지고 예수님을 배척했습니다.

"이 사람이 마리아의 아들 목수가 아니냐, 야고보와 요셉과 유다와 시몬의 형제가 아니냐, 그 누이들이 우리와 함께 여기 있지 아니하냐"(막 6:3)

이미 그들의 마음속에 형성된 편견과 고정관념이라는 요새가 하나님의 역사를 가로막고 있었습니다. 그들의 눈에는 예수님의 권능도 보이지 않았습니다.

사도 바울을 향한 배척 역시도 같은 이유였습니다. 인간의 내면에 세워진 견고한 진은 눈에 보이지 않지만 믿음을 강력하게 차단합니다.

둘째는 외부적인 환경과 관계 안에서 형성된 견고한 진입니다.

우리는 살아가며 환경의 영향을 끊임없이 받습니다. 창세기 19장에 등장하는 롯의 가족은 이러한 견고한 진에 둘러싸여 있었습니다. 소돔과 고모라의 죄가 만연한 문화는 롯의 가치관을 서서히 무너뜨렸고, 그 결과 그는 자신의 두 딸을 내어주려는 왜곡된 판단까지 하게 됩니다(창 19:8). 결국 롯의 아내는 그 땅을 향한 미련을 버리지 못하고 뒤를 돌아보았다가 소금 기둥이 되고 맙니다(창 19:26).

가정과 직장, 사회 분위기와 인간관계 속에 흐르는 불신과 두려움, 타협의 문화는 우리도 모르는 사이 마음 안에 새로운 견고한 진을 쌓아 올립니다. 마치 동성애나 타락한 성문화가 상식인 것처럼 마귀는 교묘하게 견고한 진이 되어 공격해 들어옵니다. 하나님의 말씀을 대적하여 환경과 관계 안에 침투해 들어옵니다. 이 요새는 하나님의 뜻을 받아들이는 능력을 제한하고, 믿음의 결단을 점점 어렵게 만듭니다.

셋째는 사탄이 형성해 놓은 견고한 진입니다.

다니엘서 10장을 보면, 다니엘의 기도가 이미 응답되었음에도 불구하고 바사 왕국의 군주, 곧 사탄의 방해로 인해 전달이 지연됩니다(단 10:12-13). 이 장면은 우리가 살아가는 지금에도 그대로 적용됩니다.

사탄은 공중 권세를 붙잡고 사람들 앞에 보이지 않는 장벽을 세웁니다. 이때 나타나는 현상은 매우 분명합니다. 다니엘이 그랬던 것처럼 말문이 막히고, 근심이 더해지며, 힘이 빠지고 무기력해집니다(단 10:15-17). 심지어 하나님과의 대화가 끊어진 것처럼 느껴질 때도 있습니다. 이것이 바로 사탄이 세운 견고한 진에 가로막혔을 때 나타나는 대표적인 영적 증상입니다.

그렇다면 우리는 이러한 견고한 진을 어떻게 파쇄할 수 있을까요?[13]

그 출발점은 언제나 하나님 앞에 온전히 복종하는 삶입니다. 바울은 모든 생각을 사로잡아 그리스도께 복종시키라고 권면합니다

---

13 자신도 모르게 자리 잡은 견고한 진들을 파쇄하는 방법
  1) 하나님을 대적하고 높아진 것이 무엇인지 분별하십시오.
  2) 모든 생각을 사로잡아 하나님께 집중하십시오.
  3) 하나님의 임재 안에서 파쇄하십시오(예배, 말씀, 기도 등).
  4) 성령 충만을 구하십시오.
  5) 하나님께 온전하게 복종하십시오.

(고후 10:5). 이는 단순히 긍정적인 생각을 하라는 말이 아닙니다. 하나님을 대적하고 있는 생각과 마음과 감정이 무엇인지 분별하여 의지적으로 굴복시키라는 명령입니다.

아울러 우리는 성령의 충만을 구해야 합니다. 성령의 임재 안에 머물 때, 예배와 말씀과 기도를 통해 하나님의 능력이 마음 깊숙이 스며들면서 내면의 견고한 진들은 서서히 파쇄되기 시작합니다. 이 싸움은 단번에 끝나지 않을 수도 있습니다. 그러나 하나님의 임재 안에서 자신을 반복해서 올려 드릴 때, 견고한 진은 반드시 무너집니다.

무엇보다 중요한 것은 순종입니다. 우리가 하나님 앞에 순복할 때, 견고한 진은 자연스럽게 파쇄됩니다. 사람의 마음은 결국 자신이 경배하는 대상에 의해 지배되기 때문입니다. 하나님의 말씀에 순복된 삶을 살기 시작할 때, 내면에 자리 잡고 있던 견고한 진은 힘을 잃게 됩니다. 그 결과 외부 환경과 사탄이 세운 요새 역시 더 이상 우리를 붙잡지 못합니다. 마음이 자유로워질 때, 영혼은 다시 하나님의 통치를 받게 됩니다

때때로 견고한 진들이 내 마음을 막아서고 사명을 훼방할 때, 하나님께 이렇게 기도합니다.

"하나님, 제 마음 안에 자리 잡은 모든 견고한 진을 보여 주옵소서. 하나님을 아는 것을 가로막아 온 생각과 감정, 세상의 상식과

두려움을 주님의 능력으로 깨뜨려 주옵소서. 성령님, 제 마음을 만져 주시고, 견고한 진들을 파쇄하시어 하나님의 임재로 가득 채워 주시옵소서."

마음 속 견고한 진을 깨뜨리는 이 전쟁의 최전선은 언제나 우리의 내면입니다. 이 영적전쟁에서 승리할 때, 사탄의 영향력은 무력화됩니다. 생각을 다스리는 싸움에서 시작하여, 견고한 진을 파쇄하는 싸움으로 나아가는 이 여정이 바로 영적전쟁의 핵심이며, 동시에 우리가 피할 수 없는 싸움입니다.

그럼에도 우리에게는 소망이 있습니다.

하나님의 능력은 어떤 견고한 진도 무너뜨릴 수 있으며 그 능력은 이미 우리 안에 있기 때문입니다. 우리가 마음을 열고 나아갈 때, 하나님께서 견고한 진들을 친히 파쇄하시며 자유케 하실 것이기 때문입니다.

> "우리의 싸우는 무기는 육신에 속한 것이 아니요 오직 어떤 견고한 진도 무너뜨리는 하나님의 능력이라"(고후 10:4)

보이지 않는 통치자, 사탄의 권세와 한계

눈에 보이지 않는 세계가 존재합니다. 우리는 매 순간 그 세계의 영향을 받으며 살아가고 있습니다. 이 보이지 않는 영역에는 하나님과 천사만 있는 것이 아닙니다. 사탄과 그의 세력 또한 실제로 움직이며 역사하고 있습니다. 사탄은 인간을 시험하고 유혹하며 하나님과의 관계를 멀어지게 하려는 실존하는 영적 존재입니다.

성경은 사탄을 '이 세상의 신'이라 부릅니다. 사탄은 자신이 가진 권세를 통해 사람들의 마음을 혼미하게 하여 하나님의 복음의 빛이 비치지 못하도록 가로막습니다(고후 4:4). 그러나 사탄은 피조물일 뿐이며, 그의 권세는 언제나 하나님이 허락하신 범위 안에서만 작동한다는 점입니다. 절대 하나님의 주권에 대항할 수 없으며, 하나님의 주권을 넘어설 수도 없습니다.

"우리의 씨름은 혈과 육을 상대하는 것이 아니요, 통치자들과 권세들과 이 어둠의 세상 주관자들과 하늘에 있는 악의 영들을 상대함이라"(엡 6:12)

이 말씀은 우리가 싸워야 할 대상이 사람이 아니라, 보이지 않는 악한 영들을 상대하는 것이라고 설명하고 있습니다. 동시에 사탄의 세력이 무질서하게 움직이는 존재가 아니라, 조직적이고 체계적인 구조를 가지고 활동하고 있음을 보여 줍니다. 사탄은 루시퍼를 정점으로 하여 군대와 같이 계층화된 구조 속에서 각기 다른 역할과 권한에 따라 전략적으로 움직입니다.

에베소서 6장 12절에 기록된 대로, 사탄의 세력은 네 가지 범주로 나누어 살펴볼 수 있습니다.

첫째, 통치자들입니다.

이는 국가와 민족, 정치와 권력의 배후에서 역사하는 최상위급 악한 영적 존재들입니다. 역사 속에서 수많은 독재자와 폭군들이 등장했고, 그 과정에서 대량 학살과 비인간적인 폭력이 자행되었습니다. 성경적 관점에서 볼 때, 이러한 거대한 악의 흐름 뒤에는 통치자의 영이 역사하고 있음을 부인하기 어렵습니다.

둘째, 권세들입니다.

권세들은 특정 지역이나 도시, 조직과 단체를 장악하여 그 공간 전체의 분위기와 문화를 지배합니다. 어떤 지역을 떠올릴 때 특정 죄악이나 타락한 이미지가 자연스럽게 연상되는 이유도 여기에 있습니다. 사람들은 그 환경 속에 머무는 동안 자신도 모르게 영적인 영향을 흡수하게 되고, 죄에 대한 경계는 점점 무뎌집니다. 그렇기에 특정 장소와 환경에 들어설 때, 영적으로 깨어 자신을 지키며 기도하는 일은 매우 중요합니다.

셋째, 어둠의 세상 주관자들입니다.

이들은 문화와 사상, 철학과 종교, 미디어와 학문 영역을 통해 인간의 사고 체계를 장악합니다. 진리를 왜곡하고, 하나님을 배제한 세계관을 자연스러운 상식처럼 받아들이게 만듭니다. 미신과 주술, 왜곡된 사상과 이데올로기, 하나님 없는 인본주의와 쾌락주의 문화는 이 영역에서 강력하게 작동합니다. 이들은 인간의 생각을 혼미하게 하여 하나님으로부터 멀어지게 만드는 데 탁월합니다.

넷째, 하늘에 있는 악의 영들, 곧 우리가 흔히 귀신이라 부르는 존재들입니다. 이들은 개인의 삶 속에 직접적으로 침투하여 생각과 감정, 육체와 행동을 지배하려 합니다. 성경에 등장하는 귀신 들린 자들처럼, 이들은 사람을 파괴하고 삶을 황폐하게 만드는 일을 주된 목표로 삼습니다. 질병, 음란, 분노, 불신, 무기력, 중독, 자살과 같은 다양한 기질로 역사하며 사람을 묶습니다.

그렇다면 사탄의 권세는 언제부터, 어떻게 시작되었을까요?

사탄은 막강한 영향력을 가진 존재처럼 보이지만, 처음부터 그러했던 것은 아닙니다. 창세기에 등장하는 사탄은 단지 하와를 유혹하는 뱀의 모습으로 나타납니다. 그의 권세가 막강해진 결정적 계기는 인간의 죄와 하나님께 대한 불순종이었습니다.

하나님께서는 이 땅을 다스릴 권세를 인간에게 맡기셨습니다.

그러나 인간이 하나님께 불순종함으로 죄를 받아들였을 때, 그 권세는 사탄에게 넘어가게 되었습니다. 그 결과 사탄은 이 세상의 신으로서 영향력을 행사하게 되었고, 세상은 사탄의 권세 안에서 점점 장악되어 나갔습니다.

하지만 천만다행인 것은 이것이 끝이 아니라는 것입니다. 예수님께서 십자가에서 대속의 사역을 완성하심으로, 사탄에게 빼앗겼던 권세는 다시 회복되었습니다. 예수님께서 완전한 승리를 거두셨습니다. 다만 문제는, 우리가 여전히 죄 가운데 거하고 있다면 그 죄의 통로를 통해 사탄에게 영향력을 허용하게 된다는 사실입니다. 그때 사탄은 우리 안에서 역사할 수 있는 틈을 얻게 됩니다. 죄는 사탄에게 힘을 공급하는 통로가 되기 때문입니다.

기억해야 할 것은 사탄의 권세에는 한계가 있다는 것입니다. 그러나 마지막 때가 가까워질수록 사탄은 더욱 거세게 발악하며 성도들을 공격해 올 것입니다. 이는 성경의 예언이 성취되고 있기 때문입니다.

"마귀가 자기의 때가 얼마 남지 않은 줄을 알므로 크게 분내어 너희에게 내려갔음이라"(계 12:12)

마지막 때에 사탄은 폭발적인 분노로 성도들을 공격할 것입니다. 하지만 그 모든 활동 역시 하나님의 주권 아래 제한되어 있습니다. 사탄은 결코 하나님이 허락하신 범위를 넘어서지 못하며, 하나님의 자녀를 궁극적으로 멸할 수는 없습니다. 하나님이 은혜로 자녀를 보호하시고 계시기 때문입니다.

마지막 때를 살아가는 우리에게 주어진 길은 분명합니다. 하나님께 복종하고, 말씀으로 무장하며, 예수님의 이름으로 대적하는 것입니다. 사탄은 진리 앞에서, 그리고 예수님의 이름 앞에서 두려워 떨며 물러갑니다.

영적전쟁은 두려움의 대상이 아닙니다. 이미 승리가 선포된 싸움입니다. 중요한 것은 우리가 누구의 통치 아래 머물러 있느냐입니다. 죄를 멀리하고 성령의 다스림 아래 거할 때, 사탄의 권세는 점점 힘을 잃게 될 것입니다.

"너희는 하나님께 복종할지어다 마귀를 대적하라 그리하면 너희를 피하리라"(약 4:7)

믿는 자에게도 귀신의 역사가 가능한가?

이 세상의 삶은 유한합니다. 우리의 생명은 한정된 시간 속에서 흘러가며, 오늘이라는 시간도 지나가면 다시 돌아오지 않습니다.

시간의 주관자이신 하나님께서 허락하신 범위 안에서만 이 땅을 살아갈 수 있습니다.

이처럼 유한한 시간 속에서 사탄은 쉼 없이 사람들의 삶을 관찰합니다. 그리고 사람들이 허용한 만큼, 죄와 불순종을 통해 내어준 영역만큼 삶 깊숙이 침투하여 역사합니다. 세상 사람들에게 사탄은 쾌락과 성공, 명예와 재물을 미끼로 접근합니다.

반대로 성령께서 내주하시는 하나님의 자녀들에게는 전혀 다른 전략을 사용합니다. 하나님과 재물을 동시에 섬기도록 유도합니다 (마 6:24), 세상을 향한 미련을 내려놓지 못하도록 집요하게 흔들어 댑니다. 실제로 성령님이 내주하신 순간부터 사탄의 공격은 더욱 노골적이고 치밀해집니다. 이 지점에서 많은 크리스천들이 의문을 가집니다.

"믿는 자에게도 귀신이나 악한 영이 역사할 수 있습니까?"

일부 교회에서는 '믿는 자에게는 귀신이 들어올 수 없다'고 말하기도 합니다.

과연 성경은 이 질문에 대해 어떤 관점을 제시하고 있을까요?

나는 영적전쟁에 대해 강의할 때, 종종 이렇게 묻습니다.

"여러분은 귀신의 존재를 믿으십니까? 귀신은 어떤 존재라고 생각하십니까?"

어떤 이들은 자신이 들은 이야기나 개인적인 경험을 말합니다.

또 다른 이들은 전설의 고향이나 영화에서나 볼법한 귀신의 이미지를 떠올립니다. 누군가는 과학의 시대에 귀신의 존재를 말하는 것 자체를 낡은 사고로 치부하기도 합니다.

그러나 성경은 "우리의 싸움은 하늘에 있는 악한 영들을 상대하는 영적전쟁"이라고 분명히 밝히고 있습니다(엡 6:12). 아울러 사람이 죽으면 귀신이 된다는 개념을 부정합니다.

"한 번 죽는 것은 사람에게 정해진 것이요, 그 후에는 심판이 있으리니"(히 9:27)

"누구든지 생명책에 기록되지 못한 자는 불못에 던져지더라"(계 20:15)

성경은 사람이 죽은 이후 혼령이 되어 이 땅을 배회한다고 말하지 않습니다. 죽음 이후에는 반드시 하나님의 심판이 있으며, 구원의 여부에 따라 천국과 지옥으로 나눠지게 됩니다.

그럼에도 불구하고 많은 사람들은 귀신을 죽은 사람의 넋이나 혼령으로 인식합니다. 사전을 찾아보아도 귀신을 '죽은 사람의 넋'으로 정의하고 있습니다. 심지어 성도들 가운데서도 이러한 인식을 자연스럽게 받아들입니다.

하지만 죽은 사람의 혼이 이 땅을 떠돌며 귀신이 된다는 개념은 성경적 진리가 아닙니다. 귀신들은 바로 이 지점을 교묘하게 이용합니다. 자신을 죽은 자의 혼령처럼 위장함으로써 사람들의 경계심을 무너뜨리는 것입니다.

사람이 죽으면 귀신이 된다고 믿게 될 때 나타나는 문제가 참으로 많습니다. 귀신을 향한 잘못된 자비와 긍휼이 생기고, 쫓아내야 할 대상을 오히려 달래고 위로하며, 제사와 같은 행위로 모셔야 할 존재로 착각하게 됩니다. 이는 사탄이 귀신의 정체를 흐리게 만들어 사람을 미혹하는 가장 오래되고도 교묘한 전략입니다.

성경이 말하는 귀신의 정체는 분명합니다. 귀신은 타락한 천사들입니다. 사탄은 본래 계명성이라 불리던 천사장이었으나, 교만으로 인해 하나님과 같아지려 하다가 하늘에서 쫓겨났습니다(사 14:12-14). 그를 따르던 천사들 역시 함께 타락하여 악한 영들의 무리가 되었고, 이들이 바로 성경이 말하는 귀신의 실체입니다.

그런데 왜 예수님을 믿는 자에게도 귀신의 역사가 나타나는 것일까요?

그 이유는 성령님의 내주와 악한 영의 역사가 같은 차원에서 일어나는 것이 아니기 때문입니다. 성령께서는 우리의 영에 내주하시지만, 악한 영들은 우리의 혼과 육의 영역, 곧 생각과 감정, 상처와 죄의 통로를 통해 역사합니다. 내려놓지 않은 영역이 남아 있을 때, 죄와 타협이 지속될 때, 악한 영들은 그 틈을 붙잡고 집요하게 공격합니다.

성경에도 믿는 성도 안에서 악한 영의 역사가 나타난 사례들이 기록되어 있습니다. 예수님의 수제자였던 베드로는 하나님의 뜻을 가로막는 말을 했고, 그 순간 예수님께서는 "사탄아 내 뒤로 물러가라"고 책망하셨습니다(마 16:23).

가룟 유다와 아나니아와 삽비라의 사례 역시 같은 맥락입니다(요 13:27, 행 5:3).

성령 강림 이후에도 사탄의 역사는 사라지지 않았으며, 믿는 자들 역시 경계하지 않는다면 공격의 대상이 될 수 있다는 것입니다.

영적전쟁의 용사였던 사도 바울도 고린도교회 성도들에게 사탄에게 틈을 주지 말라고 경고했습니다. 이는 믿는 자라 할지라도 속임을 당할 수 있음을 전제한 말씀입니다. 설령 성령님이 우리의 영 안에 내주해 계신다 할지라도 사탄의 영적 공격은 피할 수 없다는 것입니다.

나는 그동안 축사 사역을 통해 영적전쟁을 수없이 경험해 왔습니다. 그 과정 속에서 분명히 확인한 사실은, 성령께서 내주하시는 성도라 할지라도 악한 영의 역사가 일어날 수 있다는 것입니다. 다만 그리스도인은 결코 지배당하도록 부름 받은 존재는 아닙니다.

귀신은 진정한 그리스도인을 두려워합니다. 그들에게는 '예수 이름의 권세'가 있기 때문입니다. 예수님께서는 십자가를 통해 사탄의 세력을 이미 이기셨고, 하늘과 땅의 권세를 교회와 성도들에게 위임하셨습니다. 그런 이유로 우리가 예수님의 이름으로 대적할 때, 악한 영들은 두려워하며 일곱 길로 도망치는 것입니다.

이제 우리는 스스로에게 질문해 봐야 합니다.
"나는 영적전쟁을 인식하며 살아가고 있는가?"
"나의 삶 속에서 일어나는 영적인 역사를 분별하고 있는가?"
"날마다 승리하는 삶은 실제로 가능한 것일까?"
영의세계, 그 안에서의 영적전쟁을 두려워하지 마십시오. 이미 승패가 결정된 싸움입니다. 관건은 우리가 누구의 통치 아래 머물며 살아가느냐에 있습니다. 죄를 멀리하고 성령의 다스림 아래 거할 때, 악한 영의 역사는 힘을 잃고 물러갑니다. 그 여정 속에서 우리는 하나님의 군사로, 더욱 성숙한 하나님의 자녀로 세워지게 됩니다.

이제 다음 Part3에서는 영적전쟁의 실전을 다룰 것입니다. 영의 세계 안에서 실제로 벌어지는 전쟁의 현장 속으로 들어가, 이 싸움을 어떻게 해야 하는지를 구체적으로 살펴보게 될 것입니다. 영적전쟁의 구조를 이해했다면, 이제는 실제 싸움의 자리로 나아가야 할 차례입니다.

"너희는 믿음을 굳건하게 하여 그를 대적하라"(벧전 5:9)

영적전쟁의 실전
(영의세계
그 안에서의 영적전쟁)

"근신하라 깨어라 너희 대적 마귀가
우는 사자 같이 두루 다니며 삼킬 자를 찾나니
너희는 믿음을 군건하게 하여 그를 대적하라"

(벧전 5:8-9)

Part 3 영적전쟁의 실전 (영의세계 그 안에서의 영적전쟁)

영적전쟁은 책 속의 개념이 아닙니다.

신학 서적의 정리된 교리도 아닙니다.

강의실 안에서 설명으로 끝나는 이론도 아닙니다.

가장 치열한 영적전쟁은 삶의 한복판에서 벌어집니다. 한 사람의 인생 전체를 송두리째 바꾸어 놓는 결정적인 순간 속에서, 이 전쟁은 지금도 실제로 일어나고 있습니다. 어떤 사람은 이러한 전쟁이 존재한다는 사실조차 알지 못한 채 살아갑니다. 어떤 사람은 이유를 알 수 없는 실패와 반복되는 무너짐 속에서 자신을 탓하며 하루하루를 견뎌 냅니다. 또 어떤 사람은 모든 것을 잃은 뒤에야 비로소 깨닫습니다.

"보이지 않는 세계가 실제로 존재하고 있었구나."

"내 삶의 많은 순간들이 결코 우연이 아니었구나."

나는 사랑하는 가족을 차례로 잃고 난 후에야 비로소 영적전쟁의 현실과 직면하게 되었습니다. 나는 영적전쟁을 공부해서 알게 된 사람이 아닙니다. 학문으로 배워 통달한 사람도 아닙니다. 토네이도처럼 몰아친 그 전쟁의 소용돌이 속에서, 영적 실체를 보고 느끼고 인정할 수밖에 없었던 사람입니다.

이 책은 누군가를 두렵게 하기 위한 내용이 아닙니다. 이 책은 영적전쟁의 중심에서 보고, 듣고, 겪고, 느끼고, 무너졌다가 다시 일어선 실전의 기록입니다. 동시에 이 이야기는 지금 이 순간에도 누군가의 삶 속에서 조용히 그러나 치열하게 진행되고 있는 영적전쟁의 증언이 되기도 할 것입니다.

이제 우리는 이론의 자리에서 내려와 현장의 자리로 들어가야 합니다. 영의세계 그 안에서 실제로 벌어지는 전쟁 속에서 패배를 반복하는가가 아니라, 어떻게 승리할 수 있는가와 마주하게 될 것입니다.

영적전쟁에 목숨을 거는 단 하나의 이유

어릴 적, 나의 아버지는 집 옥상에서 목을 매고 생을 마감하셨습니다. 아버지의 시신을 본 순간, 공포와 두려움이 세포 하나하나에 스며들었습니다. 그 순간부터 어둑어둑해지면 밖에 다닐 수가 없었습니다.

아버지가 세상을 떠난 지 2년 후, 둘째 오빠는 관악산에서 목을 매고 자살했습니다. 둘째 오빠가 떠나간 지 불과 5년 후, 큰 오빠는 한강대교에서 신발만 남겨 놓고 뛰어내렸고 일주일 후에야 한강 하류에서 시신을 건져냈습니다. 그 순간부터 벗겨져 있는 신발만 보아도 심장이 두근거렸습니다. 숨이 쉬어지지 않았습니다.

불과 7년 사이에 3명의 가족은 '사랑한다'는 말 한마디 없이 떠나 갔습니다. '미안하다'는 유언도 남겨 놓지 않고 홀연히 사라져 버렸습니다. 심장에 비수를 꽂아놓은 채 그렇게 멀어져 갔습니다. 나는 살기 위해 몸부림쳤습니다. 도저히 살아지지가 않았습니다. 죽기 위해 몸부림쳐 봤지만 죽어지지도 않았습니다. 어느덧 내 곁에는 죽음의 그림자가 드리워져 있었습니다.

어느 날, 악한 영들이 나에게 말을 걸어왔습니다. 눈을 떠도 눈을 감아도 그 음성은 사라지지 않았습니다. 내 삶에 더욱 깊이 파고들어왔습니다.

"이번엔 네 차례다! 다음 죽을 사람은 너다!!"

나는 소스라치게 놀라며 정신을 놓아 버렸습니다. 그 음성은 더욱더 커져만 갔습니다.

"죽어! 죽어!! 죽으면 편해! 죽으면 아무것도 없어!!"

귀를 틀어막고 소리를 질러댔습니다.

"싫어! 싫어! 절대 죽지 않을 거야!!"

어느새 나는 그 음성에 타협하고 있었습니다.

"맞아, 이번엔 내 차례지…."

"아버지도, 큰 오빠도, 둘째 오빠도 이렇게 죽어갔구나…."

악한 영이 투영한 음성에 휘감긴 채 나는 죽을 방법을 찾기 시작했습니다. 수면제를 움켜쥐고 있었습니다. 나무에 묶을 끈을 만지 작거리고 있었습니다.

자살 충동에 휩싸인 어느 날, 자살을 결단하고 시행했습니다. 순식간에 죽음의 기운에 휘감겼습니다. 숨이 끊어지지 않은 상태로 지옥의 문턱으로 뚝 떨어졌습니다. 그 순간 어디선가 한 음성이 희미하게 들려왔습니다.

"사랑하는 내 딸아, 죽지 마라! 죽지 마라!!"

세미하지만 강력한 그 음성이 나의 온 세포를 휘감는 듯했습니다. 너무나도 따스하고 평안한 음성이었습니다.

"사랑하는 딸아, 내가 너를 포기하지 않을진대 왜 너는 너를 포기하려 하느냐, 두려워 마라, 내가 너를 도우리라."

나는 살기 위해 기도했습니다. 기도가 멈춰지면 악한 영들의 소리가 다시 들려왔기 때문입니다. 죽음의 음성에서 벗어나기 위해 부르짖고 또 부르짖었습니다. 하나님을 찾고 또 찾았습니다.

사망의 갈림길에서 나는 하나님을 인격적으로 만났습니다. 죽어야 하는 이유를 찾았던 내게 하나님은 살아야 할 이유를 일러 주셨습니다. 하나님의 은혜를 갚을 길 없어 주의 종이 되었고 멕시코 선교사의 삶을 선택했습니다.

2013년 어느 날, 멕시코에서 기도하고 있을 때 하나님께서 환상을 열어 주셨습니다. 영안을 열어 영의세계를 보여 주셨습니다. 그 안에서 벌어지는 영적전쟁을 보여 주셨습니다. 영의세계가 마치 막을 걷어내듯 내 앞에서 생생하게 펼쳐졌습니다. 마치 영의세계로 빨려 들어가는 것처럼 느껴졌습니다.

성령님께 이끌린 채 둘째 오빠가 극단적인 선택을 하는 그 날을 보아야 했습니다. 두려움에 휩싸여 있던 내게 성령께서는 세미한 음성으로 말씀하셨습니다.

"내 종아, 영의세계 그 안에서의 영적전쟁을 보라. 이것을 보고 내 백성들에게 알려야 한다. 보라! 내가 너의 손을 놓지 않을 것이라."

1985년 6월 6일, 둘째 오빠가 집을 나설 때만 하더라도 자살할 마음이 없었습니다. 친구들과 함께 놀러 간 관악산에서 행복해 보였습니다. 그런데 악한 영들이 오빠의 귀에 대고 속삭이며 생각을 주입시켰습니다.

"너 사는 게 힘들지? 죽고 싶지? 너 사실 지금 죽고 싶잖아. 죽으면 편해, 죽으면 모든 게 끝나. 죽으면 아무것도 없어!"

결국 오빠는 악한 영들이 주입한 그 생각을 받아들였습니다. 자살 생각을 마음에 받아들이자 그 순간 악한 영들이 오빠를 에워쌌습니다. 오빠의 주변을 맴돌던 악한 영은 한두 마리가 아니었습니다. 셀 수도 없을 만큼 많았습니다. 자살을 결단하자 오빠는 마치 악한 영들에게 조종을 당하고 있는 것처럼 행동했습니다. 갑자기 운동화 끈을 풀기 시작했습니다. 마치 다람쥐가 순식간에 나무에

오르듯 올라탔습니다. 운동화 끈을 나무에 매달았습니다. 그 끈에 목을 매었습니다. 그리고 나무에서 뛰어내렸습니다. 하지만 운동화 끈이 약해 쉽게 죽을 수가 없었습니다.

그 순간을 마귀가 기다렸다는 듯이 오빠에게 달려들었습니다. 악한 영들은 오빠의 목을 졸랐습니다. 숨이 끊어지기 직전에 오빠의 영안이 열렸습니다. 자신에게 달려들어 목을 조르고 있는 마귀를 보았습니다. 그 순간 오빠의 눈은 두려움과 공포로 핏발이 섰습니다. 둘째 오빠는 죽기 직전에 이 한마디를 유언으로 남긴 채 죽어 갔습니다.

"엄마 살려줘! 엄마 살려줘! 엄마 미안해!!"

사랑하는 나의 오빠는 그렇게 처참하게 죽어갔습니다. 악한 영들은 오빠를 지옥으로 끌고 갔습니다.

이 환상을 본 그날 이후부터 내 삶은 완전히 달라졌습니다. 나의 부르심의 자리를 알았기 때문입니다. 내 가족과 같이 지옥으로 끌려가는 영혼들을 구출하는 것이 사명이라는 것을 깨달았기 때문입니다.

내가 지금 영적전쟁에 목숨을 거는 이유는 단 하나입니다.

영적전쟁을 알지 못한 채 악한 영들에게 끌려가는 영혼들을 하나님께로 인도하기 위함입니다. 오늘도 나는 지옥으로 끌려가는 영혼들을 바라보며 기도의 자리에서 통곡합니다. 그 사명을 붙잡고 오늘도 피 흘리기까지 대항하며 영의세계에서 싸웁니다.

말씀으로, 기도로, 보혈로, 예수님의 이름으로….

"믿는 자들에게는 이런 표적이 따르리니 곧 그들이 내 이름
으로 귀신을 쫓아내며"(막 16:17)

가장 치열한 영적전쟁은 언제 일어나는가

가장 치열한 영적전쟁은 죽음 직전에 일어납니다. 정확히 말하면, 사람이 하나님의 심판대 앞에 서기 직전의 순간입니다. 성경은 분명히 말합니다.

"한 번 죽는 것은 사람에게 정해진 것이요 그 후에는 심판이 있으리니"(히 9:27)

이 말씀은 죽음이 모든 것의 끝이 아니라, 영원한 영의세계로 들어가는 과정임을 증언합니다.

그런 연유로 악한 영들은 죽음 직전에 가장 격렬하게 공격합니다. 이유는 단 한가지입니다. 그 순간이 그 사람의 최종 목적지가 결정되는 마지막 순간이기 때문입니다. 이 땅을 사는 동안 악한 영들은 사람을 서서히 무너뜨립니다. 속이고, 미루게 하고, 무디게 만듭니다.

"아직 괜찮아."

“나중에 믿어도 돼.”

“지금은 바쁘니까 죽기 직전에 믿어야겠다.”

그러나 아이러니하게도 우리는 언제 죽을지 모른다는 것입니다. 더는 미룰 수가 없습니다. 죽음 직전, 육체의 기능은 하나둘 멈추어 가지만 우리의 영은 더욱더 또렷해집니다. 영혼과 육체가 분리되는 그 순간, 그동안 가려져 있던 영의세계가 실체로 드러나기 때문입니다.

그래서 사탄은 그 마지막 순간에 믿음이 연약한 성도들, 준비되지 않은 사람들, 천국과 지옥의 실제를 끝까지 외면했던 사람들을 향해 총공격을 퍼부어 댑니다. 이 마지막 영적전쟁에서 패배한다면 그 영혼은 어떠한 선택의 여지없이 지옥으로 끌려갑니다. 그러나 이 전쟁에서 승리한다면 천사의 마중을 받으며 가장 평안한 상태로 천국으로 입성합니다.[1]

간혹 우리는 장례식장에 갑니다. 한국에서는 고인의 얼굴을 볼 수 없지만, 멕시코에서는 시신의 얼굴이 그대로 공개되는 경우가

●

1 영적전쟁에서 승리할 수 있는 비결
   1) 하나님의 돌보심을 믿고 모든 염려를 하나님께 맡기십시오.
   2) 근신하고 깨어 있으십시오.
   3) 믿음을 굳건하게 하십시오.
   4) 마귀를 대적하십시오.
   5) 모든 그리스도인이 당하는 고난이라 여기며 견뎌내십시오.
   6) 믿음 자들에게 나타나는 표적을 사모하십시오.
   7) 항상 기뻐하고 기도하고 감사하십시오.
   8) 하나님께 복종하십시오, 그리하면 마귀가 피할 것입니다.

많습니다. 놀라운 사실은, 이제는 시신의 얼굴만 보아도 어느 정도 분별이 가능하다는 점입니다.

"아, 이분은 천국에 갔구나."

"아, 이분은 준비되지 못했었구나."

죽음 직전에 일어났던 영적전쟁의 결과가 그 얼굴에 고스란히 남아 있기 때문입니다.

어떤 분의 간증을 들은 적이 있습니다. 그분은 병원 영안실에서 근무하는 분이셨는데, 시신을 보면 그 사람이 천국에 갔는지 지옥에 갔는지 한눈에 알아볼 수 있다고 말했습니다. 천국에 간 사람은 평안하고 두렵지 않지만, 구원받지 못한 사람은 얼굴이 심하게 일그러져 있고 말로 설명하기 어려운 공포가 남겨져 있다는 것입니다.

도대체 죽기 직전에 무슨 일이 일어났기에 사람의 얼굴에 이런 흔적이 남는 것일까요? 그 이유는 분명합니다. 사망에 이르기 직전, 영안이 열리며 영적인 세계를 실제로 목격하기 때문입니다. 죽음 직전에 자신이 가야 할 영원한 세계를 보게 되는 것입니다.

성경에도 이 장면이 묘사되어 있습니다.

스데반 집사의 순교입니다. 스데반은 돌에 맞아 죽어 가는 마지막 순간, 하늘이 열리는 것을 보았습니다. 예수님께서 하나님 우편에 서 계신 모습을 보았습니다(행 7:55-56). 예수님께서 스데반의 고통을 덜어 주시기 위해 그의 영안을 열어 천국을 미리 보여 주신 것입니다. 천국을 본 스데반은 공포에 사로잡히지 않았습니다. 오히려 확신과 평안 속에서 고백합니다.

"주 예수여, 내 영혼을 받으시옵소서"(행 7:59)

"주여, 이 죄를 그들에게 돌리지 마옵소서"(행 7:60)

스데반은 자신을 향해 돌을 던졌던 사람들을 정죄하지도, 저주하지도 않았습니다. 성경은 그의 죽음에 대해 '자니라'라고 기록합니다(행 7:60). 마지막 죽음의 순간, 스데반은 발버둥치지 않았습니다. 오히려 안식 속에 잠이 들 듯 천국으로 들어갔습니다.[2]

이것이 바로 이 땅에서 영적전쟁에서 승리한 사람의 마지막 모습입니다. 천국에 입성하는 영혼은 마치 잠든 것처럼 평온한 모습을 남기고 이 땅을 떠납니다.

가룟 유다는 정반대입니다. 그는 끝까지 회개하지 않았고 죄 가운데 죽음을 맞이했습니다. 성경은 "사탄이 그 속에 들어갔다"고 기

2 우리는 천국에서 어떤 삶을 살게 될까요?
   1) 영원히 하나님의 집에서 하나님과 함께 하는 삶
   2) 우리의 모든 눈물을 하나님께서 위로하시며 닦아주시는 삶
   3) 사망도, 애통도, 슬픔도, 그 어떤 괴로움도 없는 삶
   4) 생명수의 강물이 하나님으로부터 흘러나와 가득 채워져 있는 삶
   5) 생명나무가 있어 하나님과 영원히 함께 하는 삶

록하고 있습니다(요 13:27). 그의 마지막 얼굴은 처참했을 것입니다. 지옥으로 끌려가는 그의 마지막이 평안했을 리는 없습니다.

나의 아버지의 마지막 모습도 그러했습니다. 나는 영안실에서 싸늘하게 누워 있는 아버지의 시신을 보았습니다. 그 얼굴에는 말로 설명할 수 없는 공포와 저주가 담겨 있었습니다. 너무나 끔찍한 모습을 남겨 두고 떠나셨습니다. 마치 무언가를 본 것처럼 공포에 휩싸인 채 두 눈을 부릅뜨고 운명하셨습니다.

나는 천국과 지옥의 실체와 죽음 직전에 벌어지는 영적전쟁을 이론으로 배운 사람이 아닙니다. 실전에서 체험했습니다. 나의 가족 세 명이 스스로 생을 마감하는 것을 겪어야 했고 생생한 지옥도 보았습니다. 그들의 마지막 얼굴은 모두 공포에 사로잡혀 있었습니다. 나는 그 모습을 통해 깨달았습니다. 죽음 직전에 가장 치열한 영적전쟁이 벌어지고 있다는 사실을 말입니다.

우리가 오늘 영적전쟁을 수행해야 하는 이유는 이 세상의 삶이 유한하기 때문입니다. 오늘이라는 시간은 다시 돌아오지 않습니다. 가장 치열한 영적전쟁은 마지막 죽음 직전에 일어납니다. 그래서 우리는 지금 영의세계를 알아야 하고, 오늘 영의 전쟁을 이해해야 합니다. 오늘의 영적전쟁이 내일의 평안을 만들고, 오늘의 선택이 마지막 순간의 담대함을 만듭니다.

이 세상을 살면서 영의세계를 알고, 영적전쟁을 인식하며, 예수님의 이름을 붙들고 살아온 사람에게는 죽음 직전의 전쟁은 더 이상 전쟁이 아닙니다. 이미 믿음으로 싸워 왔기 때문입니다. 이미 예수님이 나의 구원자이심을 믿고 살아왔기 때문입니다. 이미 생명책에 기록된 자로 살아왔기 때문입니다.

"두렵고 떨림으로 너희 구원을 이루라"(빌 2:12)

마음속 지뢰밭, 악한 영들과의 실전 전투

우리가 살아가는 이 세상에서 가장 치열한 전투는 눈에 보이지 않습니다. 혈과 육을 상대로 하는 싸움이 아닙니다. 하늘에 있는 악의 영들과의 전쟁입니다(엡 6:12). 이 전투는 예고 없이 시작됩니다. 특히 사람이 마음을 지키지 못하는 순간, 이 전쟁은 생과 사의 경계에서 가장 격렬하게 터집니다.

아나니아와 삽비라 부부의 이야기는 영적전쟁의 실체를 분명하게 보여 줍니다. 초대교회에 성령의 역사가 강하게 임하던 때였습니다. 사람들은 재산을 팔아 사도들의 발 앞에 두었고, 그 가운데

바나바는 전 재산을 드려 성도들에게 큰 존경을 받았습니다. 문제는 그 다음이었습니다. 아나니아와 삽비라는 그 모습을 지켜보았습니다. 사람들의 시선과 존경, 칭찬과 인정을 받고 싶은 마음이 조용히, 그러나 분명하게 그들을 흔들기 시작했습니다. 그때 그들은 마음을 지켜야 했습니다. 그러나 지키지 못했습니다.

악한 영들이 어떻게 그들의 마음에 들어오게 되었는지 성경은 기록하고 있습니다.

"아나니아야 어찌하여 사탄이 네 마음에 가득하여 네가 성령을 속이고 땅값 얼마를 감추었느냐"(행 5:3)

사탄이 어느 날 갑자기 들어온 것이 아니었습니다. 이미 그들의 마음 한편에 시기심이 자라고 있었습니다. 인정받고 싶은 욕망이 마음속에 지뢰밭처럼 깔려 있었습니다. 사람들 앞에서 높아지고 싶었습니다. 바나바처럼 경건한 사람으로 인정받고 싶었습니다.

사람은 속일 수 있었지만, 성령을 속일 수는 없었습니다. 영적전쟁에서 마음을 지키지 못한 대가는 너무나도 참혹했습니다. 결과는 죽음이었습니다.

영적전쟁은 믿지 않는 사람에게만 일어나는 일이 아닙니다. 교회 안에서, 사역의 자리에서, 은혜의 한복판에서도 지금 이 순간에도 치열하게 일어나고 있습니다.

나는 이러한 영적전쟁의 실체를 멕시코 선교 현장에서 수없이 목격해 왔습니다. 어느 날, 한 청년이 찾아와 상담하게 되었습니다. 동성애와 마약중독에 사로잡혀 있던 청년이었습니다. 상담을 시작하자마자 그의 눈빛이 변하기 시작했습니다. 증오와 두려움, 나를 향한 경계가 그대로 느껴졌습니다. 청년 안에 있던 어둠이 발작 직전까지 올라와 있었습니다. 보이지 않는 영적전쟁이 그 안에서 격렬하게 벌어지고 있었습니다.

이미 그의 생각과 마음이 악한 영들에게 장악당한 상태였습니다.[3] 악한 영들은 그의 의지와 상관없이 몸을 이리저리 움직이게 만들고 있었습니다. 마치 누군가의 조종을 받는 것처럼, 몸은 수시로 발작을 일으켰습니다. 그때 성령님께서 세미한 음성으로 말씀하셨습니다.

"지금 그의 생각과 마음속에서 악한 영들이 역사하고 있다. 이것은 영적전쟁이다. 마귀를 대적하라."

설령 마약중독과 동성애에 사로잡혀 있다 할지라도, 예수님을

---

3 악한 영들에게 장악을 당한 결과로 나타나는 현상과 특징들
   1) 인간관계를 유지할 수 없음, 일상생활이 불가능할 수 있음
   2) 초자연적인 능력과 괴력이 나타날 수 있음
   3) 발작이나 소리를 지르는 현상이 나타날 수 있음
   4) 자해/자살 충동에 시달릴 수 있음, 자기 몸을 해할 수 있음
   5) 질병이 유발될 수 있음
   6) 분노/폭언/폭력을 행사할 수 있음
   7) 이 외에도 개인의 특성과 기절에 따라 독특한 현상과 특징이 나타날 수 있음

향해 마음이 열려 있다면 이 싸움은 충분히 승산이 있습니다. 그러나 청년의 마음에는 이미 악한 영들이 준 생각이 깊이 뿌리내려 있었습니다.

"아무도 나를 도울 수 없어."

"나는 이제 글렀어."

"차라리 죽어버렸으면 좋겠다."

부정적인 생각이 끊임없이 밀려왔고, 그의 마음은 도저히 예수님을 향해 열리지 않았습니다. 이미 생각과 마음의 침투가 일어난 상태였습니다. 마음속 지뢰밭에서 악한 영들과의 치열한 전투가 벌어지고 있었던 것입니다. 나는 청년의 귀에 대고 담대하게 말했습니다.

"오직 예수님만이 이 고통에서 건져 주실 수 있습니다. 마음을 붙잡으세요. 이미 치유를 받았음을 믿고 선포하세요."

그는 말할 수 없는 상태였지만 '살려 달라'는 눈빛은 분명했습니다. 그 순간, 나는 악한 영들을 향해 대적하기 시작했습니다.

"주님, 이 청년의 마음을 붙잡아 주소서. 이 청년을 붙잡고 있는 모든 악한 영들이 떠나가게 하소서. 성령이여, 이 청년에게 임하소서."

"내가 나사렛 예수 그리스도의 이름으로 명하노니, 동성애의 영들아, 마약 중독의 영들아 모든 묶임을 놓고 떠나갈지어다."

기도를 마치자마자 청년은 온몸을 파르르 떨며 마치 죽은 사람처럼 쓰러졌습니다. 시간이 지나면서 그의 몸과 마음을 짓누르던 긴장이 서서히 풀어졌습니다. 한참 후에 일어난 그는 자신이 자유케 되었음을 느끼며 통곡하기 시작했습니다. 그의 마음을 붙잡고 있던 악한 영들이 떠나간 것이었습니다. 예수님을 의지하는 순간 악한 영들의 묶임이 느슨해졌고, 열린 마음의 틈 속에 성령께서 강하게 역사하셨던 것입니다.

우리는 악한 영들이 사람의 마음속에 지뢰밭을 만든다는 원리를 기억해야 합니다. 가룟 유다 역시 마찬가지였습니다. 마귀는 그의 마음에 가장 먼저 생각을 집어넣었습니다.

"마귀가 벌써 시몬의 아들 가룟 유다의 마음에 예수를 팔려는 생각을 넣었더라"(요 13:2)

모든 것은 생각에서 시작됩니다. 죄를 향한 동의 하나가 결국 멸망으로 이어집니다. 악한 영들의 침투에는 분명한 흐름이 있습니다.

생각 → 마음 → 행동 → 죄에 대한 동의 → 혼과 육의 장악

이 흐름을 분별하지 못한다면 자신도 모르는 사이에 지뢰를 밟게 됩니다. 아나니아와 삽비라, 그리고 마약 중독 청년에게도 악한 영들은 동일한 단계로 공격하고 침투했습니다.

영적전쟁은 현실입니다. 지금 이 순간에도 우리의 삶 한가운데서 벌어지고 있는 실전입니다. 하지만 마음속 지뢰밭을 분별하는 사람은 깨어서 걷고, 지키며 걷고, 승리를 향해 나아갑니다. 승리의

원리는 그리 복잡하지 않습니다. 말씀 안에 다 녹아 있습니다.

마음을 지키기 위해 깨어 있어야 합니다.

마귀의 공격을 인식하고 분별해야 합니다.

믿음을 굳게 붙잡아야 합니다.

예수님의 보혈로 무장해야 합니다.

말씀과 성령으로 내면을 채워야 합니다.

기도가 일상이 되어야 하며, 담대하게 대적해야 합니다.

기쁨과 감사로 삶의 태도를 바꿔야 합니다.

이렇게 살아갈 때, 내 마음에 깔려 있던 지뢰밭은 조용히 사라지게 될 것입니다.

"항상 기뻐하라 쉬지 말고 기도하라 범사에 감사하라 이것이 그리스도 예수 안에서 너희를 향하신 하나님의 뜻이니라"(살전 5:16-18)

악한 영의 4단계 침투원리와 출입구의 비밀

우리는 앞에서 마음이 얼마나 치열한 영적전쟁터인지 살펴보았습니다. 생각 하나, 감정 하나가 단순한 심리 상태가 아니라 보이지 않는 세계와 연결된 통로가 될 수 있다는 사실도 확인했습니다. 마음이 무너지면 삶이 무너지고, 삶이 무너지면 결국 구원에 대한 확신마저 흔들릴 수 있다는 것도 알았습니다.

그렇다면 자연스럽게 이런 질문이 떠오를 것입니다.

"귀신은 정말 존재하는가?"

"악한 영들이 실제로 나의 삶에 어떠한 영향을 미칠 수 있는가?"

"그렇다면, 그들은 도대체 어떻게 사람 안으로 들어오게 되는가?"

이 질문 앞에서 사람들은 대체로 두 부류로 나뉩니다. 한쪽은 모든 문제를 영적인 현상으로만 해석하며, 귀신의 역사로 단순화합니다. 다른 한쪽은 영적전쟁의 실제를 애써 외면한 채, 모든 것을 심리와 환경의 문제로만 설명하려 합니다.

그러나 성경은 악한 영은 존재하며, 실제로 사람 안에 들어와 역사할 수 있다고 설명합니다. 동시에, 그들이 아무 데나, 아무 때나 들어올 수는 없다고 분명한 선을 긋습니다. 악한 영들은 마음대로 침입하지 못합니다. 사람이 틈을 허용할 때 들어옵니다.

"분을 내어도 죄를 짓지 말며 해가 지도록 분을 품지 말고, 마귀에게 틈을 주지 말라" (엡 4:26-27)

사도 바울은 '마귀가 들어온다'고 말하지 않습니다. '틈을 준다'고

　영의세계 그 안에서의 영적전쟁

말합니다. 영적전쟁은 침입의 문제가 아니라 허락의 문제, 다시 말해 '틈'의 문제입니다. 성경말씀 이 한 구절 안에 악한 영들의 출입구와 봉쇄의 원리가 모두 담겨 있습니다.

사역의 현장에서 많은 사람을 만나고 치유하며 깨달은 사실이 있습니다. 악한 영들은 강한 사람보다 방심한 사람을, 무지한 사람보다 상처 입은 사람에게 훨씬 더 쉽게 파고 든다는 것을요.

그들이 노리는 것은 열려져 있는 틈입니다. 이 틈새는 어느 날 갑자기 생기지 않습니다. 대부분 아주 사소해 보이는 지점에서 시작됩니다. 정리되지 않은 감정, 반복해서 무시해 온 생각, 가볍게 여긴 죄, '이 정도는 괜찮겠지'하고 넘겨버린 불순종….

이런 작은 틈들이 쌓이고 쌓여 어느 순간 틈새가 벌어지고 침투가 시작되는 것입니다.

악한 영의 네 단계 침투 원리 (공격→침투→잠식→장악)[4]

우리는 악한 영의 네 단계 침투 구조를 기억해야 합니다. 악한

----

4 악한 영의 4단계 장악의 단계
   1) 공격 : 인간의 혼의 생각과 감정의 무차별적 공격 (마 16:22-23)
   2) 침투 : 인간의 혼의 생각, 감정, 의지에 침투 (요 13:2, 마 26:14-16)
   3) 잠식 : 인간의 혼의 생각, 감정, 의지, 양심의 화인, 육체의 부분 잠식 (눅 22:3-6, 막 9:25-26)
   4) 장악 : 인간의 혼과 육의 모든 영역이 사로잡힘, 악한 영의 완전한 장악 (막 5:4-5)

영은 한 번에 사람을 장악하지 않습니다. 우리가 생각하는 것보다 더 질서정연하고, 단계적으로 접근합니다.

첫 번째 단계는 '공격'입니다. 외부에서 들어오는 부정적인 생각과 의심이 머릿속을 가득 채웁니다.

"나는 이미 끝났다."

"아무도 나를 구할 수 없다."

생각과 감정에 대한 무차별적인 공격을 통해 틈을 벌립니다. 가장 먼저 표적이 되는 영역은 혼, 곧 생각과 감정과 의지입니다.

베드로가 예수님께 '주여, 그런 일은 결코 일어나지 않을 것입니다'라고 말했을 때, 예수님은 이렇게 말씀하셨습니다.

"사탄아 내 뒤로 물러가라"(마 16:23)

이때 베드로 안에 사탄이 들어온 것은 아닙니다. 이미 공격이 시작된 상태였습니다. 부정적인 생각, 의심, 두려움, 분노, 자기연민이 갑자기, 반복적으로, 집요하게 밀려옵니다. 이 단계에서 분별하지 못한다면 바로 다음 단계로 넘어갑니다.

두 번째 단계는 '침투'입니다. 혼의 감정과 의지가 흔들리며 좌절과 공포, 자기혐오가 마음을 조여 옵니다. 생각과 감정에 동의가 일어날 때부터 시작됩니다. 가룟 유다가 바로 이 단계에서 무너졌습니다.

"마귀가 벌써 가룟 유다의 마음에 예수를 팔려는 생각을 넣었더

라”^(요 13:2)

처음에는 생각이었습니다. 그는 마귀가 주는 생각을 거절하지 않았습니다. 생각하고, 곱씹고, 마음에 두었고, 결국 동의했습니다. 그 순간부터 침투가 시작됩니다. 생각에서 감정으로, 감정에서 의지로, 영향력은 점점 깊어집니다.

세 번째 단계는 '잠식'입니다. 침투가 지속되면, 이제 혼의 전반과 육체 일부까지 영향을 받기 시작합니다. 마음에 침투한 악한 영들은 행동으로 이어지도록 압박합니다. 죄에 대한 동의가 일어나면서 악한 영들이 혼과 육의 영역으로 파고 들어옵니다. 악한 영들은 이 틈을 타 사람 안으로 들어와 역사하기 시작합니다. 그 결과로 자기 파괴적인 충동이 나타납니다. 양심은 점점 무뎌지고, 죄에 대한 감각은 둔해집니다. 분노가 폭발하고, 말과 행동을 스스로 통제하기 어려워집니다.

마가복음 9장에 등장하는 어려서부터 귀신 들린 아이에게 드러났던 발작, 비명, 자해 충동과 같은 증상이 나타나기도 합니다. 이 상태에서 치유와 회복이 이루어지지 않는다면 결국 마지막 단계로 넘어갈 수 있습니다.

마지막 단계는 '장악'입니다. 장악의 단계는 사람의 혼과 육체의 모든 영역이 사로잡힌 상태입니다. 사탄의 종노릇이 현실화 되는 단계입니다. 마가복음 5장에 나오는 거라사 지방의 광인이 바로 이 모습입니다.

"그 사람이 쇠사슬을 끊고… 밤낮 무덤 사이에서나 산에서나 늘 소리 지르며 돌로 자기의 몸을 해치고 있었더라"(막 5:4-5)

자기 자신을 다스릴 수 있는 통제권이 완전히 사탄에게 넘어간 상태입니다.

그렇다면, 이 틈은 어디에서 생기게 되는 것일까요?

악한 영이 어떻게 사람 안으로 들어오게 되는 것일까요?[5]

첫 번째 출입구는 죄라는 틈입니다. 눈에 보이는 큰 죄만을 의미하지 않습니다. 오히려 더 위험한 것은 마음속에 정리되지 않은 죄입니다. 가룟 유다는 생각을 방치했고, 동의했고, 결국 문을 열어 주었습니다. 죄는 영적세계에서는 권한 위임과 같습니다.

두 번째 출입구는 불순종과 교만, 성령님이 떠난 자리입니다. 사

---

5 악한 영이 사람 안으로 잠입할 수 있는 틈새와 침입경로
   1) 죄를 통한 침입
   2) 인간의 본성과 사탄의 성품이 드러나는 인격과 기질
   3) 인지하지 못하고 있었던 상처나 감정 안에 숨어 있는 쓴뿌리
   4) 의도적인 초청을 통한 침입
   5) 무의식적인 초청을 통한 침입
   6) 우상숭배를 통한 침입
   7) 가계에 역사하는 저주를 통한 침입
   8) 기타 다양한 형태의 침입들

울 왕은 기름부음을 받은 왕이었지만, 반복된 불순종과 교만으로 하나님의 통치를 거부했습니다.

"여호와의 영이 사울에게서 떠나고 여호와께서 부리시는 악령이 그를 번뇌하게 한지라"(삼상 16:14)

하나님께서 사울 왕에게 악령을 보내신 것이 아닙니다. 보호의 울타리가 거두어진 그 자리를 악한 영이 차지한 것입니다.

세 번째 출입구는 우상숭배와 무의식적인 노출입니다. "나는 그런 걸 안 믿는다"는 말은 영적세계에서는 통하지 않습니다. 믿음의 여부보다 노출의 여부가 더 중요할 때가 많습니다.

네 번째 출입구는 감정 속에 숨은 영적 거점입니다. 용서하지 못한 마음, 억눌린 분노, 오래된 상처와 쓴뿌리는 오래 방치될수록 악한 영의 거점이 됩니다.

이 외에도 의도적, 무의식적 초청, 잘못된 종교의식, 제사, 귀신을 섬기는 행위와 같은 다양한 형태의 출입구가 존재합니다.

그런데 왜 요즘 들어 부쩍 영적 공격이 더욱 강해지고 있는 것일까요? 마지막 때이기 때문입니다.

"이는 마귀가 자기의 때가 얼마 남지 않은 줄을 알므로 크게 분내어 너희에게 내려갔음이라"(계 12:12)

악한 영들은 무작위로 공격하지 않습니다. 상처가 있는 사람, 감정이 정리되지 않은 사람, 죄를 가볍게 여기는 사람, 영적으로 방심한 사람을 집중적으로 노립니다.

한국 집회에서 만났던 한 집사님이 떠오릅니다. 의학적으로는 공황장애와 우울증 진단을 받았지만, 기도 중에 드러난 것은 오래 묻어 두었던 용서하지 못한 상처였습니다. 쓴뿌리였습니다. 그 틈이 마음의 방어선을 무너뜨렸고, 악한 영은 그 틈을 통해 역사하고 있었습니다. 악한 영들은 사람 안에 자기 마음대로 들어오지는 못합니다. 언제나 허락된 틈을 통해서만 역사합니다. 이미 열려 있는 틈을 발견하고, 공격하고, 침투할 뿐입니다.

무엇보다도 영적전쟁에서 중요한 것은 쫓아내는 능력이 아닙니다. 출입구를 봉쇄하는 삶을 살아내는 것입니다.[6]

회개, 말씀, 성령의 인도하심에 순종하는 삶, 악한 감정을 하루 넘기지 않는 삶, 혀를 다스리는 삶, 거룩함을 지키는 삶….

영적전쟁은 더 이상 두려움의 영역이 아닙니다. 죄의 틈새만 막을 수 있다면, 통제권을 회복할 수만 있다면 백전백승의 승리가 보장된 싸움입니다.

---

6 악한 영들이 들어오는 출입구를 완전 봉쇄하는 방법
　1) 죄를 짓지 마십시오, 죄와 싸우십시오.
　2) 하나님의 말씀대로 살아내십시오.
　3) 삶으로 살아내지 못한다면 다시 들어올 수 있다는 것을 기억하십시오.
　4) 혀에서 나오는 말을 조심하십시오.

상처와 쓴뿌리, 악한 영들의 은밀한 은신처

집회 가운데 어떤 집사님이 이런 질문을 했습니다.

"선교사님, 제 안에는 상처가 너무 많아요. 쓴뿌리도 가득한 것 같아요. 도대체 어떻게 해야 이 쓴뿌리가 뽑힐 수 있을까요? 어떻게 해야 하나님과 더 가까워질 수 있을까요?"

그분은 20여 년 동안 신앙생활을 해왔다고 했습니다. 매일 말씀을 읽고 기도하며, 방언으로도 기도한다고 했습니다. 마음속에서 서운함이나 미움, 상처 속에 숨은 생각들이 올라올 때마다 대적 기도도 하고, 악한 영을 쫓아내기도 한다고 했습니다.

그러나 문제는 늘 그때뿐이라는 것이었습니다. 누군가 무심코 던진 말 한마디, 스쳐 지나간 시선 하나에도 가슴이 답답해지고, 슬

5) 자유의지로 선을 선택하는 훈련을 하십시오.
6) 성령님이 내주하셨다면 근심하게 하지 마십시오.
7) 말씀과 기도로 거룩한 삶을 유지하십시오.

픔과 분노가 밀려와 도저히 견딜 수가 없다는 것입니다.

상담을 이어가며 어린 시절 이야기를 물었을 때, 그분은 아주 어린 나이에 부모에게 버려진 경험을 조심스럽게 털어놓았습니다. 어린 마음으로는 감당할 수 없었던 깊은 상처와 고통이 내면에 그대로 남아 있었습니다. 부모에 대한 미움과 분노, 버려졌다는 깊은 상처는 시간이 흐르면서 쓴뿌리로 자라났고, 그 쓴뿌리 안에 악한 영들이 숨어 역사하고 있었던 것입니다.

과연 이런 경우가 이 집사님 한 분뿐일까요?

사실 우리는 모두 크고 작은 상처와 쓴뿌리를 안고 살아갑니다. 그 상처와 쓴뿌리는 우리가 인식하지 못하는 사이, 악한 영들이 숨어있는 가장 은밀한 은신처가 되기도 합니다.

이제부터 상처와 쓴뿌리가 무엇인지, 왜 이것이 악한 영들의 은신처가 되는지, 어떻게 할 때 치유와 회복이 일어나는지를 살펴보고자 합니다.

상처와 쓴뿌리의 영적 의미

영적전쟁은 눈에 보이지 않지만, 이미 우리의 생각과 감정, 관계와 삶의 깊은 곳에서 진행되고 있습니다. 그중에서도 상처와 쓴뿌리는 악한 영들이 가장 즐겨 사용하는 통로입니다.

상처란 단순히 아픈 기억이 아닙니다. 치유되지 않은 채 마음 깊숙이 남아 있는 감정의 흔적입니다. 이 상처가 오래 방치되면 어느 순간 쓴뿌리로 변합니다.

성경은 쓴뿌리에 대해 이렇게 설명하고 있습니다.

"쓴 뿌리가 나서 괴롭게 하여 많은 사람이 더럽게 되지 않게 하라"(히 12:15)[7]

쓴뿌리는 겉으로 잘 드러나지 않습니다. 그러나 마음과 혼의 깊은 곳에서 분노와 미움, 원망과 두려움, 열등감과 시기와 질투라는 열매를 맺습니다.

누군가는 쓴뿌리를 단순히 '성격 문제'나 '감정 문제'로만 다루려 합니다. 그러나 성경은 쓴뿌리를 하나님의 은혜에 이르지 못하게 만드는 영적 장애물로 설명합니다. 쓴뿌리가 자라면 하나님과의 관계에서는 은혜가 막히고, 사람과의 관계에서는 갈등이 반복되며, 삶 전체가 왜곡된 반응과 패턴 속에 갇히게 됩니다.

쓴뿌리는 하나님의 은혜를 가로막는 가장 치명적인 요소입니다. 마음 안에 쓴뿌리가 자리 잡으면 기도는 형식이 되고, 말씀은 메말

●

7　마음 안에 쓴뿌리가 생기게 되면 어떤 열매가 맺어질까?
　　1) 부정적 감정을 지니게 됨
　　2) 고집스러워지고 완고해 짐
　　3) 분노와 미움, 열등의식과 두려움을 갖게 됨
　　4) 낮은 자존감을 갖게 됨
　　5) 혈기가 드러나며 분노의 사람이 되어감
　　6) 하나님과의 관계가 단절되면서 은혜가 막히게 됨

라지며, 하나님의 사랑을 머리로는 알지만, 마음으로는 누리지 못
하게 됩니다.

이러한 이유로 신명기 29장 18절은 쓴뿌리를 독초와 쑥의 뿌리
에 비유합니다. 겉으로는 평안해 보이지만, 속에서는 영혼을 병들
게 하는 독이 자라고 있다는 뜻입니다.

그렇다면 상처와 쓴뿌리 안에서 악한 영은 어떻게 역사할까요?

악한 영들은 상처를 결코 그냥 두지 않습니다. 치유되지 않은 상
처와 감정, 용서하지 못한 마음은 악한 영에게 가장 안전한 은신처
가 됩니다. 그들은 상처 속에서 생각을 왜곡하고, 감정을 과장시킵
니다. 아픈 기억을 반복적으로 재생하게 만들고, 동일한 상황에 과
도하게 반응하도록 부추깁니다.

이렇게 악한 영은 가장 먼저 혼의 영역, 곧 생각과 감정과 의지를
잠식하고, 점차 육체의 영역으로까지 영향을 미칩니다. 불안과 공
포, 강박과 우울, 설명되지 않는 신체 증상들이 그 결과로 나타나기
도 합니다.

나의 인생에도 감당하기 어려운 상처와 쓴뿌리가 깊이 자리하고
있었습니다. 불과 7년 사이, 사랑하는 가족 세 명을 자살로 잃었기
때문입니다. 아버지의 죽음을 목격한 그 순간부터 두려움과 공포가
나의 삶을 지배하기 시작했습니다. 마치 공황장애처럼 숨이 갑자기

막히는 느낌이 들었고, 누군가 나의 입과 코를 막고 있는 것처럼 느껴질 때도 참 많았습니다. 심장이 나의 의지와 상관없이 혼자 뛰는 것처럼 느껴졌습니다.

훗날 예수님을 믿고 성령님이 내 안에 내주하셨습니다. 어느 날 기도 가운데 성령님께서 세미한 음성으로 말씀하셨습니다.

"그 두려움과 공포가 바로 네 안의 상처와 쓴뿌리의 흔적이니라."

그때서야 깨달았습니다. 나의 상처와 감정 안에 악한 영이 숨어 있었고, 나의 육체를 붙잡고 공격하고 있었다는 사실을 말입니다. 세 명의 가족을 잃은 상처 속에서 죽음의 공포가 생겨났고, 그 틈을 타 악한 영이 들어와 나의 호흡을 막고 있었던 것입니다. 보이는 세계에서는 그저 숨이 막히는 증상처럼 보였지만, 영의세계에서는 분명한 영적 공격이었습니다.

성령님께서 영적전쟁을 수행하라고 말씀하셨습니다. 그 순간, 예수님의 이름으로 악한 영들을 대적했을 때 나의 몸은 즉각 반응했습니다. 기침과 구토가 일어났고, 숨이 한순간에 깊게 쉬어졌습니다. 그때 분명히 알게 되었습니다. 내 상처와 고통 가운데 악한 영이 육체를 붙잡고 있었다는 것을 말입니다. 그 이후로부터 누군가 나의 호흡을 막고 있는 것 같은 증상은 완전히 사라졌습니다. 자유케 되었습니다.

어떻게 할 때 우리 안에 있는 상처와 쓴뿌리를 제거할 수 있을까요?[8]

쉬울 수도 있고, 매우 어려울 수도 있습니다. 그러나 분명한 것은 이 치유는 오직 하나님 앞에서만 가능하다는 사실입니다. 더 이상 내 안의 상처와 쓴뿌리를 외면하지 말고, 정직하게 인정해야 합니다. 치유는 인정에서부터 시작됩니다.

내 안에 상처와 쓴뿌리가 있음을 인정하고, 십자가 앞으로 가져가십시오.

하나님 아버지의 시선으로 자신을 바라보십시오.

하나님의 초자연적인 치유를 사모하며 기도하십시오.

그리고 악한 영이 숨어 있음을 분별하게 될 때, 성령 안에서 담대히 대적하십시오.

상처와 쓴뿌리가 제거된다면 우리의 마음은 하나님의 은혜가 흐르는 통로가 됩니다. 같은 상황, 같은 말을 들어도 예전처럼 흔들리지 않게 됩니다. 관계 속에서 회복이 일어나고, 하나님의 사랑을 흘

●

8 내 안에 상처로 인한 쓴뿌리를 제거하는 방법
   1) 내 마음에 상처로 인한 쓴 뿌리가 있음을 인정하십시오.
   2) 그 상처와 쓴 뿌리를 십자가 앞으로 가져가십시오.
   3) 하나님 아버지의 시선으로 나를 바라보십시오.
   4) 하나님의 초자연적인 치유를 사모하십시오.
   5) 이 세상이 전부가 아니라 천국이 있음을 믿으십시오.
   6) 하나님이 나를 어떻게 생각하시는지 성경을 통해 확증을 받고 믿으십시오.

려보낼 수 있는 온유한 사람이 됩니다.

잠언 18장 21절에 "죽고 사는 것이 혀의 힘에 달렸다"고 기록되어 있습니다. 쓴뿌리가 제거될 때 우리의 말이 달라지고, 그 말이 삶을 바꾸기 시작합니다.

상처와 쓴뿌리를 다루는 것은 단순한 감정 치유가 아닙니다. 영적전쟁의 핵심이며, 하나님의 은혜로 다시 들어가는 관문입니다. 우리의 삶의 통제권을 회복하는 치유의 과정입니다.

이러한 원리를 이해하고 삶으로 살아낼 때, 악한 영은 떠나가고 성령의 충만함이 채워지기 시작할 것입니다.

"너희는 하나님의 은혜에 이르지 못하는 자가 없도록 하고 또 쓴 뿌리가 나서 괴롭게 하여 많은 사람이 이로 말미암아 더럽게 되지 않게 하라"(히 12:15)

혀의 권세, 누가 나의 입을 다스리고 있는가

영적전쟁은 생각에서 시작되어 마음을 지나, 마침내 입에서 드러납니다. 이 때문에 영적전쟁의 실전에서 가장 치열한 전투 가운데 하나는 혀를 둘러싼 전쟁이라 할 수 있겠습니다.

우리는 종종 영적전쟁이 마음속에서만 일어난다고 여깁니다. 그러나 그 전쟁의 결과는 거의 예외 없이 말이라는 형태로 표출됩니다. 오늘 내가 어떤 말을 하고 있는지를 차분히 살펴보면, 지금 내안에서 누가 통치하고 있는지가 분명히 드러납니다.

예수님께서는 이에 대해 분명히 말씀하셨습니다.

"선한 사람은 마음에 쌓은 선에서 선을 내고 악한 자는 그 쌓은 악에서 악을 내나니 이는 마음에 가득한 것을 입으로 말함이니라"

(눅 6:45)

말은 결코 우연히 튀어나오는 것이 아닙니다. 내 안에 무엇이 쌓여 있는지, 또한 어떤 영이 나를 다스리고 있는지가 혀를 통해 그대로 흘러나옵니다.

> "혀는 곧 불이요 불의의 세계라 혀는 우리 지체 중에서 온 몸을 더럽히고 삶의 수레바퀴를 불사르나니 그 사르는 것이 지옥 불에서 나느니라"(약 3:6)

혀는 우리의 신체에서 아주 작아 보이지만 온몸을 더럽힐 수 있는 권세를 가지고 있습니다. [9] 한마디의 말은 누군가의 인생을 살릴 수도 있고, 깊은 상처를 남길 수도 있습니다.

영적전쟁의 현장에서 혀는 결코 중립지대가 아닙니다. 반드시 누군가가 이 혀를 붙잡고 사용합니다. 누가 혀의 주도권을 쥐고 있느냐에 따라 혀에서 권세가 나타나기도 하고, 저주의 통로가 되기도 합니다.

악한 영은 지금 이 순간에도 우리의 혀를 장악하기 위해 끊임없이 노리고 있습니다. 사람의 혀에 자신의 권세를 실어 거짓을 말하게 하며 거짓선지자로 종노릇하게 하기 위해 지금도 역사하고 있습니다. 문제는 악한 영의 장악이 깊어질 경우, 혀를 붙잡고 직접 말할 수 있다는 것입니다.

거라사 지방의 광인이 그 대표적인 예입니다. 그는 밤낮 무덤 사이와 산에서 소리를 지르며 돌로 자기 몸을 해치고 있던 사람이었습니다. 그곳을 지나시던 예수님께서 그를 향해 명령하셨습니다.

"더러운 귀신아, 그 사람에게서 나오라"(막 5:8)

"네 이름이 무엇이냐?"(막 5:9)

놀라운 장면은 그다음에 펼쳐집니다. 그 사람 안에 있던 귀신이 그의 입을 붙잡고 말하기 시작한 것입니다.

"지극히 높으신 하나님의 아들 예수여 나와 당신이 무슨 상관이 있

●

9 혀의 속성과 문제점
  1) 혀를 다스리지 못함으로 일어나는 문제가 많음 (약 3:6)
  2) 길들이기가 어려움 (약 3:8)
  3) 하나님께서 우리가 말한 대로 들으시고 그대로 행하심 (민 14:27–30)
  4) 사람의 인생을 성공과 실패를 나눌 수 있음 (잠 18:21)

나이까 원하건대 하나님 앞에 맹세하고 나를 괴롭히지 마옵소서"(막 5:7)

"내 이름은 군대니 우리가 많음이니이다"(막 5:9)

이 말은 사람이 한 말이 아닙니다. 그 사람 안에서 역사하던 악한 영이 혀를 잡고 말한 것입니다. 혀의 주권이 이미 악한 영에게 넘어가 있었기에, 악한 영은 언제든지 그 입을 통해 자신의 말을 할 수 있었던 것입니다.

악한 영의 침투 방법은 대개 일정한 흐름을 따릅니다.

가장 먼저 생각을 공격하고 침투합니다. 그 다음 마음을 장악하며, 의지를 흔들어 결국 육체를 사용합니다. 죄가 방치되고 타협될 때, 악한 영은 입을 통해 자신을 표현하기 시작합니다. 이 때문에 성경은 혀를 '불의의 세계'라 부르며, 그 근원이 '지옥 불'에서 나온다고 밝히고 있습니다(약 3:6).

혀는 단순한 신체 기관이 아니라 영적인 통로입니다. 말이 거칠어질수록, 정죄와 불평이 습관이 될수록 그 통로는 점점 어둠에게 열리게 됩니다. 분노의 말, 정죄의 말, 불평과 원망의 말이 반복될 때, 그것을 성격의 문제로만 축소해서는 안 됩니다. 그 말의 배우에 누가 있는지를 정확히 분별해야 합니다.

몇 년 전 집회 중에 있었던 일입니다.

성령님의 인도하심 가운데 단체로 축사 사역을 진행하던 중이었습니다. 공간 전체에 역사하던 어둠을 향해 대적기도를 시작하자, 한 남자분이 갑자기 고함을 지르며 발작을 일으켰습니다. 예수님의 이름으로 악한 영을 대적하자, 혀에 붙어 있던 악한 영들의 실체가 숨김없이 그대로 드러났습니다. 온갖 욕설과 저주가 쏟아져 나왔고, 그분의 혀는 의미 없는 음절을 반복하며 마치 방언을 하는 것처럼 들리기도 했습니다. 혀를 길게 내밀었다가 집어넣는 행동을 반복했고, 몇 사람이 붙잡아야 할 정도로 비정상적으로 힘이 강했습니다.

무엇보다도 악한 영들이 그분의 혀에 집을 짓고 거하고 있었습니다. 악한 영이 교묘하게 혀에 숨어 그 입을 사용하고 있었던 것입니다. 예수님의 보혈을 의지해 대적하자 상황은 급격히 전환되었습니다.

"예수 이름으로 명하노니, 혀를 붙잡고 있는 악한 영들은 모두 떠나갈지어다!"

마치 거라사 광인처럼 발작하고 있던 그분은 이내 통곡하며 "하나님 아버지!"를 부르기 시작했습니다. 그 순간 혀의 통치권이 바뀌었고, 영적 분위기는 완전히 달라졌습니다. 방언이 터져 나왔고, 성령의 충만함이 임했습니다. 그는 울부짖으며 외쳤습니다.

"하나님 아버지! 감사합니다!"

이 경험을 통해 깨달았습니다. 영적전쟁의 승패는 혀의 권세가 누구에게 있느냐에 달려 있다는 것입니다.

이러한 영적 원리는 오순절 마가 다락방에서도 동일하게 나타났습니다. 성령이 임하셨을 때, 120명의 성도들은 성령이 말하게 하심을 따라 말하기 시작했고, 그들의 입에서는 하나님의 큰 일이 흘러나왔습니다(행 2:4,11). 성령께서 혀를 통치하실 때, 말의 내용과 권세는 완전히 달라집니다.

베드로 역시 그러했습니다. 그는 말이 앞섰던 사람이었고, 두려움 앞에서 예수님을 세 번이나 부인했었습니다. 혀의 주권이 하나님께 있지 않을 때, 사탄은 언제든지 그 혀를 붙잡고 말하게 할 수 있습니다.

예수님께서 십자가의 고난을 말씀하셨을 때 베드로가 이를 막아서자, 예수님께서는 "사탄아 내 뒤로 물러가라"고 책망하셨습니다(마 16:23). 이는 베드로의 입을 잡고 말하던 사탄을 꾸짖으신 것입니다. 그러나 성령이 임하신 이후, 베드로의 혀의 주권자는 바뀌었습니다. 혀의 권세가 생겼던 것입니다. [10]

"은과 금은 내게 없거니와 내게 있는 이것을 네게 주노니 나사렛 예수 그리스도의 이름으로 일어나 걸으라"(행 3:6)

베드로의 말 한마디로 앉은뱅이가 벌떡 일어났습니다. 혀의 권세가 회복되자, 베드로의 말이 영적세계를 움직이기 시작한 것입니다. 눈에 보이는 현실까지도 주도하는 혀의 권세가 그의 말에 실린 것입니다. [10]

과연 지금 우리의 혀는 누가 다스리고 있습니까?

찬송과 저주가 함께 나오고 있지는 않습니까?

감사와 불평이 동시에 흘러나오고 있지는 않습니까?

악한 말을 멈추고 통제할 수 있습니까?

마귀를 대적할 때 실제로 떠나갑니까?

혀의 권세가 회복될 때 놀라운 변화가 일어납니다. [11]

예수님의 이름으로 명하는 권세가 회복됩니다.

찬양과 기도에 악한 영을 몰아내는 능력이 실리게 됩니다.

말씀으로 사람을 살리고 세우는 권세가 부어집니다.

우리는 혀를 다스려야 합니다.

혀의 주권을 하나님께 드려야 합니다.

●

10 혀의 권세를 강화시키는 방법과 원리
　1) 성령이 임하실 때부터
　2) 죄와 싸우기 시작할 때부터
　3) 말씀과 기도를 붙잡고 씨름하기 시작할 때부터
　4) 말씀대로 살고자 몸부림칠 때부터
　5) 하나님께 속한 선한 말들만을 말하기 시작할 때부터
　6) 예수님의 이름으로 기도하기 시작할 때부터

11 혀의 권세가 임했을 때 영의세계에서 나타나는 권세
　1) 예수 이름으로 명할 때 악한 영들이 떠나가는 권세 (행 16:18)
　2) 찬양과 기도의 강력한 권세 (삼상 16:23)
　3) 말씀으로 축복할 수 있는 권세 (히 4:12)
　4) 대언의 능력을 받을 수 있는 권세 (겔 37:4-10)

성령이 말하게 하심에 따라 말할 때, 우리의 혀는 생명을 흘려보내는 거룩한 통로가 됩니다. 오늘 내가 무심코 뱉는 말 한마디가, 영적전쟁의 승패를 가르고 있다는 것을 잊지 마십시오.

우리 안에 숨겨진 뱀의 속성과 축출 방법

지금 우리가 다루고자 하는 '숨겨진 뱀'은 비유나 상징의 개념이 아닙니다. 또한 실제 동물을 가리키는 것도 아닙니다. 숨겨진 뱀은 사람 안에 들어와 은밀하게 역사하는 사탄의 세력, 곧 악한 영을 의미합니다.

문제는 숨겨진 뱀의 가장 두드러진 특징이 겉으로 거의 드러나지 않는다는 점에 있습니다. 오히려 사람의 기질과 성품 속에 숨어, 마치 그것이 원래 자신의 일부인 것처럼 자연스럽게 위장합니다. 그래서 더 위험합니다. 사람이 이유 없이 쉽게 분노하고, 작은 일에도 반복해서 낙심하며, 설명하기 어려운 두려움과 정죄에 자주 눌릴 때, 우리는 흔히 그것을 성격 문제나 환경 탓으로 돌립니다.

“원래 나는 이런 성격이야”, “어쩔 수 없었어”하고 말입니다.

그러나 영적전쟁의 관점에서 보면, 바로 그 지점에서 숨겨진 뱀은 조용히 움직이고 있는 경우가 많습니다. 숨겨진 뱀은 ‘내 성격’, ‘원래 이런 사람’, ‘어쩔 수 없는 기질’로 가장합니다. 정체를 숨긴 채, 사람이 자신을 방어하지 못하도록 만드는 것입니다.

사탄의 전략은 노골적이지 않습니다. 오히려 너무 익숙해서, 의심조차 하지 않게 만드는 방식을 주로 사용합니다. 생각보다 많은 숨겨진 뱀들이 사람의 성품과 기질 속에 은밀히 숨어 활동하고 있습니다.

그렇다면 숨겨진 뱀은 아무 데나 숨어 있을까요?

그렇지 않습니다. 그가 머무는 자리에는 공통된 특징이 있습니다. 욕심, 반복되는 습관적 죄, 왜곡된 생각, 두려움과 의심, 미움과 정죄, 자기연민과 불신, 쾌락과 중독 등… 이 모든 것이 악한 영이 머물 수 있는 공간이 됩니다.

영적 분별은 단순히 어떤 현상을 알아차리는 능력이 아닙니다. 오히려 보이지 않는 영의세계 안에서 실제로 일어나는 일을 분별하는 능력입니다. 분명한 것은 우리가 싸우는 대상은 혈과 육이 아니라, 보이지 않는 영적 세력이라는 사실입니다. 정체를 숨기고 은밀히 다가오는 숨겨진 뱀일 수도 있다는 것입니다. 창세기에서 아담과 하와를 공격했던 그 뱀이 우리에게 다가와, 우리의 기질과 성품 안에 숨어 역사하고 있을 수도 있다는 것입니다.

그러나 두려워하지 마십시오. 숨겨진 뱀은 드러날 수 있으며, 축출될 수 있기 때문입니다. 우리에게는 이미 숨겨진 뱀을 축출할 수 있는 믿는 자의 권세가 있기 때문입니다.

"믿는 자들에게는 이런 표적이 따르리니 곧 그들이 내 이름으로 귀신을 쫓아내며 새 방언을 말하며 뱀을 집어 올리며 무슨 독을 마실지라도 해를 받지 아니하며 병든 사람에게 손을 얹은즉 나으리라"(막 16:17-18)

예전에 어떤 분이 이런 질문을 한 적이 있습니다.

"선교사님의 사역을 보면 어느 때는 귀신을 쫓아낸다고 하시고, 어느 때는 숨겨진 뱀은 정체를 드러낼지어다 라고 선포하시는데, 이 둘은 어떤 차이가 있나요?"

먼저 귀신을 쫓아낸다는 것은 외적으로 드러난 악한 영을 예수님의 이름의 권세로 내쫓는 것을 의미합니다. 성령의 임재가 강한 예배 가운데, 혹은 기도 중에 악한 영이 더 이상 견디지 못하고 스스로 드러날 때가 있습니다. 예수님께서 가버나움 회당에서 가르치실 때도 그랬습니다. 귀신이 드러나자, 예수님은 단호히 명령하셨고 악한 영은 큰 소리를 지르며 나갔습니다. 이것이 '귀신을 쫓아내는 사역’입니다.

그렇다면 ‘숨겨진 뱀을 집어 올린다’는 것은 어떤 의미일까요?

이것은 외적으로 드러난 귀신이 아니라, 사람 안에 뱀처럼 숨어 있던 악한 영을 예수님의 권세로 드러내어 축출하는 사역을 말합니다. 주로 사람의 기질과 성품 안에 숨어 있습니다. 겉으로 보기에는 멀쩡해 보이지만, 내면의 상처, 쓴뿌리 영역 속에 숨겨져 있던 악한 영을 성령님의 능력 안에서 끌어올려 쫓아내는 것입니다.

예수님께서 18년 동안 허리가 꼬부라져 있던 여인을 고치실 때도 사람들은 단순한 병으로만 보았습니다. 그러나 예수님은 그 안에 숨어 있던 귀신을 쫓아내심으로 그 여인을 자유케 하셨습니다(눅 13:11). 이것이 바로 숨겨진 뱀을 집어 올리는 사역입니다.

문제는 숨겨진 뱀은 결코 스스로 모습을 드러내지 않는다는 데 있습니다. 그래서 전쟁이 필요한 것입니다. 원리는 복잡하지 않습니다. 뱀을 축출하는 핵심은 언제나 같습니다. 예수님의 이름, 보혈, 믿음의 선포, 지식의 말씀의 은사, 가장 중요한 성령님의 권능을 사용해야 합니다.

가장 먼저, 예수님의 이름으로 대적하며 명령해야 합니다.

"예수 이름으로 명하노니 악한 영들을 떠나갈지어다!"

숨겨져 있는 악한 영의 정체를 분별하고 있다면, 가능한 한 구체적으로 이름을 대며 대적하는 것이 도움이 됩니다.

예수님께서도 거라사 지방의 광인에게 "내 이름이 무엇이냐"고 물으셨습니다. 이는 악한 영이 사람 안에서 드러내는 역사와 성향에 따라 구별된 이름을 가지고 있다는 의미입니다.

예를 들어 걷잡을 수 없는 분노가 반복되고 스스로 통제할 수 없다면, 그 뒤에는 '분노의 영'이 숨어 있을 수 있습니다. 자살의 충동이 수시로 일어나고 있다면 '자살의 영'의 역사일 수 있습니다. 중독에서 헤어 나오려고 해도 결국 다시 빠져들고 있다면 '중독의 영'일 수 있습니다. 내 안에서 이미 기질과 성품처럼 굳어 버린 시기, 질

---

12 사람의 기질과 성품 안에 숨어있는 뱀을 축출하는 영적전쟁의 실전
   1) 예수님의 이름으로 대적하며 명령
   2) 믿음으로 계속 선포 (악한 영들이 안에서 균열이 일어나게 됨)
   3) 성령님의 임재와 능력이 침투됨
      – 악한 영들이 반응하기 시작함 (기침/구토/발작 등)
   4) 하나님의 속한 생각과 말들을 계속 선포
      – 하나님의 성품인 성령의 9가지 열매로 살아가겠다고 선포
   5) 악한 영들이 정체를 드러내며 축출되기 시작함
      – 쫓겨나감 or 숨어버림 or 해를 입힘
   6) 악한 영들이 떠나갔다고 분별된다면 다시 들어오지 말라고 선포
      – 귀신의 처소를 성령의 불로 태움

투, 미움, 원망, 불평이 있다면 이름을 부르며 대적해 보십시오.

"예수 이름으로 명하노니 내 안에 있는 미움과 시기 질투의 영은 다 떠나갈지어다!"

우리의 성품과 기질 뒤에 은밀히 숨어 있는 뱀을 향해 대적해 보십시오. 예수님의 이름으로 명령하는 그 순간이, 숨겨진 뱀 축출의 시작이자 영적 흐름이 전환되는 시점이 될 수 있습니다.

다음으로 멈추지 않고 믿음으로 계속 선포해야 합니다.

이 과정에서 악한 영 안에는 균열과 혼란이 일어나기 시작합니다. 그리고 이 흐름 속에서 성령님의 임재와 능력이 점점 깊이 침투합니다. 이때 악한 영들은 반응하기 시작합니다. 기침을 하거나, 소리를 지르거나, 때로는 구토와 같은 반응이 나타나기도 합니다. 이는 실패의 징후가 아니라, 축출이 진행되고 있다는 증거입니다.

이 과정에서 중요한 것은 악한 영에게 시선을 빼앗기지 않는 것입니다. 악한 영들이 축출될 것 같다가도 다시 숨어버릴 수 있기 때문입니다. 믿음으로 계속 대적하며 하나님께 속한 생각과 말들을 끊임없이 선포하게 해야 합니다.

필요하다면 회개해야 합니다. 하나님 앞에 죄를 고백해야 합니다.

방언을 말할 수 있다면 방언으로 계속 기도하십시오. 방언은 영의 기도로서, 축사 사역에서 매우 강력한 무기입니다. 하나님 앞에 믿음을 보일 때, 악한 영은 더 이상 머물 자리를 잃게 됩니다.

이러한 축사 과정에서 마침내 악한 영들은 정체를 드러내며 떠나가기 시작합니다. 쫓겨나가기도 하고, 다시 숨어버리기도 하며, 때로는 마지막 저항을 시도하기도 합니다.

영적으로 떠났다고 분별될 때에는 반드시 다시 들어오지 못하도록 선포해야 합니다. 악한 영의 처소를 성령의 불로 태우고, 예수 그리스도의 권세로 봉인하는 것이 중요합니다.

기억해야 할 것은 숨겨진 뱀을 축출하는 전쟁은 한 번으로 끝나지 않을 수도 있다는 것입니다. 지속적인 분별이 필요합니다. 예수님은 악한 영이 떠난 후 비어 있는 상태에 대해 분명히 경고하셨습니다(마 12:43-45). 그 집이 비어 있음을 알고, 일곱 마리 더 악한 영들을 데리고 다시 들어올 수도 있다고 말씀하셨습니다.

그렇다면 우리는 어떻게 해야 할까요?

축출 이후에는 말씀 묵상과 기도, 감사와 믿음의 선포로 내면을 성령님으로 채워야 합니다. 악한 영들이 떠나간 자리를 성령의 임재로 채우는 것입니다. 이것이 재침투를 막는 가장 안전하고 확실한 길입니다.

우리 안에 숨겨진 뱀은 분명 실존합니다. 그러나 이미 패배했습니다. 예수님께서 우리의 죄를 대속하시기 위해 십자가에서 피 흘려 죽으심으로, 모든 사탄의 권세는 무너졌습니다. 예수님을 진정으로 믿는다면, 귀신을 쫓아낼 권세도, 숨겨진 뱀을 집어 올릴 권세도 이미 우리에게 주어졌습니다. 문제는 권세가 없어서가 아닙니다. 그 권세를 알지 못하거나, 혹은 사용하지 않는 데 있습니다.

이제 우리는 숨겨진 뱀의 실체를 분별하는 훈련을 해야 합니다. 훈련되었다면 영적전쟁의 실전에 들어가야 합니다. 이것은 선택의 문제가 아닙니다. 예수님의 명령입니다.

"근신하라 깨어라 너희 대적 마귀가 우는 사자 같이 두루 다니며 삼킬 자를 찾나니"(벧전 5:8)

악한 영과 맞서는 전략과 분별

앞에서 우리는 마음속의 지뢰밭을 분별하고, 악한 영들이 침투하는 출입구를 살펴보았습니다. 이제 실제 현장 속에서 어떻게 맞서야 하는가와 대면해야 합니다.

영적전쟁은 이론으로 이해할 수 있는 영역이 아닙니다. 삶의 자리에서 실제로 맞닥뜨리게 되는 현실입니다. 또한 피할 수 없는 이미 시작된 싸움입니다.

이번 장에서는 악한 영을 분석하는 데서 멈추지 않고, 사역의 현장에서 검증된 실제적인 전략과 분별의 원리를 함께 나누고자 합니다.

사역을 하면서 깨닫게 된 사실이 하나 있습니다. 악한 영을 다루는 방식에는 분명한 차이가 있으며, 그 차이는 반드시 결과로 나타난다는 점입니다. 성경 역시 이 문제를 모호하게 다루지 않습니다. 귀신을 쫓아내는 장면마다 누구의 힘과 능력으로 쫓아냈는지에 대한 해답이 있습니다. 악한 영들을 쫓아내는 방법은 크게 세 가지로 구분됩니다. [13]

첫째, 인간의 의지와 결단에 의존하는 방법입니다.

사람은 자신의 결단을 통해 악한 생각과 행동을 어느 정도까지는 억제할 수 있습니다. 유혹을 거절하고 죄의 자리를 피하며 부정적인 사고를 끊어내려는 노력은 분명 의미 있는 출발입니다. 축사 현장에서 살펴보면, 분명 악한 영의 역사가 있음에도 불구하고 겉으로는 크게 드러나지 않는 경우가 적지 않습니다. 자신의 의지로 악한 영의 역사를 일정 부분 억누르고 살아가는 사람들이 생각보다 많습니다. 그러나 이러한 상태는 언제든 다시 공격받을 수 있는 불안정한 구조입니다. 마치 시한폭탄을 마음 깊은 곳에 설치해 둔 것과 같습니다.

●

13 악한 영들을 쫓아내는 3가지 방법
　1) 자신의 의지와 결단을 통해 잠잠케 하는 방법 (사람의 힘)
　2) 악령의 힘으로 쫓아내는 방법 (귀신의 힘)
　3) 성령의 능력으로 쫓아내는 방법 (성령의 힘)

자신의 의지로 악한 영의 역사를 막고 있는 것입니다. 문제는 이러한 형태는 '완전한 축출'이 될 수 없습니다. '일시적인 억제'에 머무르는 경우가 많습니다. 악한 영은 물러난 것처럼 보이지만 여전히 틈을 엿보며 기회를 기다립니다.

악한 영들은 매우 간교하고 영악합니다. 인간의 의지에서 나온 결단인지, 하나님 앞에 순복된 순종인지를 더 정확히 분별합니다. 야고보서 4장 7절은 이러한 인간의 한계를 짚어 줍니다.

"그런즉 너희는 하나님께 복종할지어다 마귀를 대적하라 그리하면 너희를 피하리라"(약 4:7)

사람의 결단도 매우 중요합니다. 그러나 하나님을 향한 복종이 결여된 결단은 지속할 힘을 갖기 어렵습니다. 악한 영들은 사람의 말에 복종하여 떠나는 존재가 아닙니다. 오히려 숨은 뱀이 되어 자신의 힘을 더 키울 뿐입니다.

둘째, 악한 영의 힘을 이용하여 잠잠하게 하거나 더 큰 세력과 야합하는 방법입니다.

예수님이 사역했던 그 당시에도 귀신을 쫓아내는 능력을 가진 사람들이 있었습니다. 문제는 그 능력의 근원이 어디로부터 비롯되었느냐에 있습니다. 예수님께서는 이 문제를 분명하게 짚어 주셨습니다.

"내가 바알세불을 힘입어 귀신을 쫓아내면 너희의 아들들은 누구를 힘입어 쫓아내겠느냐, 그러나 내가 하나님의 성령을 힘입어

귀신을 쫓아내는 것이면 하나님의 나라가 이미 너희에게 임하였느
니라"(마 12:27-28)

악한 영의 힘을 이용하는 방식은 겉으로 보기에 쉽게 문제가 해
결되는 것처럼 보일 수 있습니다. 하지만 그 본질은 '야합의 구조'입
니다. 더 강한 악한 영이 약한 영을 제압하는 형태이기에 잠시 안정
된 것처럼 보일 뿐, 그 상태는 오래가지 않습니다.

마태복음 7장에는 예수님의 이름으로 귀신을 쫓아냈다고 주장하
는 사람들이 등장합니다. 그들은 스스로 선지자 노릇을 하였고 능
력을 행하였다고 말합니다. 그러나 예수님의 평가는 단호했습니다.

"내가 너희를 도무지 알지 못하니 불법을 행하는 자들아 내게서
떠나가라"(마 7:22-23)

그들이 보여 준 능력은 하나님으로부터 온 합법적인 통로가 아
니었습니다. 악한 영들을 통하여 나타난 불법의 능력이었습니다.
구약과 신약을 통틀어 능력이 나타나는 사람들은 많았습니다. 그러
나 하나님과의 관계 안에 있지 않은 경우도 적지 않았습니다. 눈에
보이는 표적은 있었으나 성령님의 통치와 생명은 없었습니다.

사도행전에 기록된 스게와의 일곱 아들의 사건은 이 위험성을
정확하게 보여 줍니다.

"악귀가 대답하여 이르되 내가 예수도 알고 바울도 알거니와 너
희는 누구냐"(행 19:15)

악한 영들은 그 권세가 '어디에서부터 나오는지'를 우리보다 더

정확히 꿰뚫어 봅니다.

셋째, 성령님의 힘과 능력으로 쫓아내는 방법입니다.

이 방법만이 완전한 승리의 길입니다. 예수님의 이름을 그저 단순히 부르는 것이 아니라 성령의 통치 안에서 명령하는 것입니다. 영의세계 그 안에서의 영적전쟁의 질서는 명확합니다. 우리가 예수님의 이름을 부르며 대적할 때 악한 영들은 반드시 그 권세에 항복하며 떠나가야 합니다.

"칠십 인이 기뻐하며 돌아와 이르되 주여 주의 이름이면 귀신들도 우리에게 항복하더이다"(눅 10:17)

성령님의 권세로 대적할 때 악한 영은 저항하지 못하고 떠나며, 그 자리에 하나님의 나라가 임합니다. 예수님께서는 이를 이렇게 설명하셨습니다.

"사람이 먼저 강한 자를 결박하지 않고서야 어떻게 그 강한 자의 집에 들어가 그 세간을 강탈하겠느냐"(마 12:29)

이 말씀은 영적전쟁의 본질을 정확히 짚어 줍니다. 결국 핵심은 '지금 누가 우리를 통치하고 있는가'입니다. 우리 안에 역사하는 힘이 성령님으로부터 나온 것인지, 자신의 의지인지, 악령의 장악인지를 원수가 더 잘 알고 있다는 것입니다.

그렇다면 악한 영이 두려워하는 사람의 특징은 무엇일까요?

악한 영은 무작정 사람에게 달려들지 않습니다.

접근하지 못하는 사람들이 있습니다.

예수님의 이름의 권세를 날마다 선포하는 사람입니다(행 16:18).

성령 안에서 깨어 기도하는 사람입니다(벧전 5:8-9).

감사와 기쁨으로 기도하며 마음을 지키는 사람입니다(살전 5:16-18).

말씀을 순종하며 살아내는 사람입니다(요 14:15).

이러한 사람들 앞에서 악한 영은 오래 머물지 못합니다. [14] 이는 그동안의 사역 현장에서 반복적으로 확인된 사실입니다. 말씀과 찬양이 회복될수록, 예배가 살아날수록 영적인 능력은 더욱 강력해집니다.

악한 영은 언제나 틈새를 통해 들어온다는 것을 기억해야 합니다. 그 통로는 사람 안의 약점일 수 있습니다. 해결되지 않은 죄와 상처, 분노와 미움, 정죄, 우상화된 욕망, 방치된 습관과 중독 등, 이 외에도 수없이 많은 출입구가 존재합니다. 그러므로 우리는 먼저,

---

14 악한 영들이 두려워하는 사람의 삶의 모습 (살전 6:16-18)
　　1) 항상 기뻐하고 있습니까?
　　2) 기도하고 있습니까?
　　3) 감사하는 삶을 살고 계십니까?
　　4) 굳건한 믿음이 있습니까?
　　5) 하나님께 순종하는 삶을 살고 계십니까?
　　6) 예수님의 이름으로 악한 영들을 대적하고 계십니까?
　　7) 성령님의 통치 안에 있습니까?

나에게 어떤 출입구가 열려 있는지를 분별해야 합니다.

출입구가 열려 있으면 공격은 쉬워집니다. 반대로 출입구가 닫혀 있다면 악한 영의 공격은 힘을 잃습니다. 성경은 이 원리를 단순하면서도 분명하게 말합니다.

"마귀에게 틈을 주지 말라"(엡 4:27)

회개와 거룩, 그리고 경건의 삶은 영적전쟁에서 가장 강력한 방어선입니다. 열려 있던 틈을 닫아 버리는 최고의 전략입니다. 악한 영과 맞서는 전쟁의 핵심은 '지금 나는 어떤 힘 안에서 통치되고 있는가'입니다. 그 기준은 언제나 성령의 통치입니다.

또한 악한 영과 맞서는 최고의 전략은 기본에 충실한 삶입니다. 성령님께서 우리 안에서 근심하지 않으시도록 말씀대로 살아가는 삶, 곧 '마귀에게 틈을 주지 않는 삶'이 가장 강력한 전술입니다. 이러한 삶 앞에서 악한 영은 성령님의 임재를 견디지 못하고 떠나갑니다.

이제 우리는 성령님의 권세 안에서 기도의 자리를 지켜야 합니다. 예수님의 이름과 말씀으로 분별하며 명령해야 합니다. 감사와 찬양으로 마음의 평안을 유지해야 합니다. 출입구를 점검하며 삶을 정돈해야 합니다. 이 모든 과정은 반복과 훈련을 통해 영적 민감성을 길러 가는 여정입니다.

이렇게 준비될 때 영의세계는 하나님의 질서 안에서 움직이게 됩니다. '예수님의 이름으로 귀신을 쫓아낸다'는 영적전쟁에서의 질서가 보이는 세계에서도 실제적인 능력으로 나타나게 될 것입니다.

보이지 않는 영적전쟁, 지금 내 안에서 벌어지는 세 가지 싸움

"왜 영적으로 열리면 열릴수록 더 힘들어지는 것 같을까요?"[15]

영적으로 깊어지기 시작할 때 많은 분들이 자연스럽게 갖게 되는 질문입니다. 기도가 깊어질수록, 말씀을 붙들수록, 예배에 집중할수록 오히려 공격이 더 거세지는 것처럼 느껴질 때가 있습니다. 나를 둘러싼 환경과 관계, 감정과 생각까지 이전보다 훨씬 더 치열해진 것처럼 느껴질 때도 있습니다.

●

15 영적으로 열릴 때 안전하게 보호하는 방법
　　1) 영적으로 보고 듣고 느끼는 신비로운 현상에만 집중하지 마십시오.
　　2) 영적으로 거룩하고 깨끗해지도록 경건의 훈련을 시작하십시오.
　　　 – 미디어 금식, 화를 내지 않는다 등 구체적인 계획 실천
　　3) 영적으로 공격을 받는다고 분별된다면 악한 영을 대적하십시오.
　　4) 성경말씀을 통해 분별하는 훈련을 시작하십시오.

분명한 것은 이것이 영적으로 약해졌다는 신호가 아니라는 것입니다. 오히려 영적 분별력이 열리기 시작했다는 증거일 수 있습니다. 예전에는 그냥 지나쳤던 생각과 감정, 어려운 상황들이 이제는 '영적인 싸움'으로 인식되기 시작하기 때문입니다.

영의세계가 열릴수록, 보이지 않던 전쟁의 실체가 점점 분명하게 드러나기 시작합니다. 문제는 영적 공격 그 자체가 아닙니다. 지금 내 안에서 어떤 전쟁이 벌어지고 있는지를 알고 있느냐, 바로 여기에 핵심이 있습니다. 영적전쟁은 멀리 있는 이야기가 아닙니다. 바로 지금, 내 안에서 벌어지고 있는 싸움입니다.

우리 안에서 벌어지는 영적전쟁은 크게 세 가지로 나누어 볼 수 있습니다. [16]

●

16 영의세계에서 벌어지는 치열한 영적전쟁의 종류와 실체
　　1) 사탄의 장악 VS 성령님의 통치를 둘러싼 영적전쟁 (요 8:44, 고전 3:16)
　　　　– 나는 누구에게 속해 있는가?
　　　　– 소유권과 주권을 둘러싼 전쟁
　　　　– 마귀의 자식으로 살 것인가 VS 하나님의 자녀로 살 것인가?
　　2) 육체의 소욕 VS 성령의 9가지 열매를 둘러싼 영적전쟁 (갈 5:16–23)
　　　　– 나는 어떤 성품으로 살고 있는가?
　　　　– 성품/기질/열매를 둘러싼 영적전쟁
　　　　– 인간의 죄의 본성/사탄의 속성 VS 하나님의 성품
　　3) 겉사람 VS 속사람을 둘러싼 영적전쟁 (고후 4:16, 롬 7:22–23)
　　　　– 나는 누구로 살고 있는가?
　　　　– 정체성을 둘러싼 영적전쟁
　　　　– 나는 육체의 사람인가? VS 영의 사람인가?

첫 번째 싸움은 가장 본질적인 전쟁입니다. 바로 소유권과 주권을 둘러싼 전쟁입니다.

"너희는 너희 아비 마귀에게서 났으니"(요 8:44)

"너희는 너희가 하나님의 성전인 것과 하나님의 성령이 너희 안에 계시는 것을 알지 못하느냐"(고전 3:16)

사람은 누구에게도 속하지 않은 채 살아갈 수 없습니다. 문제는 '내가 지금 누구의 통치 아래에서 살아가고 있는가'입니다. 사탄은 생각과 감정의 틈을 통해 서서히 사람을 장악하려 하고, 성령님은 말씀과 진리를 통해 우리의 삶을 다스리십니다. 이 싸움은 겉으로 드러나지 않는 싸움입니다.

그러나 전쟁의 승패는 누구의 음성에 더 민감한지, 누구의 기준으로 판단하는지, 누구의 뜻에 순종하고 있는지로 분명히 드러납니다. 영적전쟁에서 승리한다는 것은 성령님의 통치 아래 머무는 삶을 선택하는 것입니다. 성령님의 통치가 분명해질수록 악한 영의 공격은 점점 힘을 잃게 됩니다.

두 번째 싸움은 성품과 열매를 둘러싼 전쟁입니다.

"너희는 성령을 따라 행하라 그리하면 육체의 욕심을 이루지 아니하리라 육체의 소욕은 성령을 거스르고 성령은 육체를 거스르나

니 이 둘이 서로 대적함으로 너희가 원하는 것을 하지 못하게 하려 함이니라"(갈 5:16-17)

육체의 소욕은 인간 안에 깊이 자리 잡은 죄의 본성과 연결되어 있습니다. 분노와 시기, 미움과 음란, 탐욕과 자기중심적인 성향은 우리가 너무 익숙해져서 대수롭지 않게 여기기 쉽습니다.

그러나 이 모든 것은 하나님의 성품과는 정반대의 속성입니다. 성령님께서 우리 안에 내주하시면, 우리를 하나님의 성품으로 변화시키기 위해 쉬지 않고 일하시기 시작합니다. 하나님의 형상을 닮은 자녀로 빚어 가시기 위해 훈련하시고, 다듬으시며, 때로는 단련하십니다. 그 결과로 성령의 아홉 가지 열매가 맺혀지게 됩니다. 사랑, 희락, 화평, 오래 참음, 자비, 양선, 충성, 온유와 절제가 삶 속에서 나타나게 됩니다(갈 5:22-23).

우리는 여전히 내가 하고 싶은 대로, 내가 말하고 싶은 대로, '내가'가 중심이 되어 살아갑니다. 인간의 본성대로 살고 싶어 합니다. 하지만 성령님은 하나님 아버지의 성품으로 이끌기 위한 전쟁을 계속 일으키십니다. 이 싸움은 결국 누구의 속성이 나의 삶의 열매로 나타나느냐의 문제입니다. '선해 보이느냐, 나빠 보이느냐'의 문제가 아닙니다. 어떤 속성과 성품이 나를 이끌고 있느냐의 문제입니다.

인간의 본성과 하나님의 성품은 함께 공존하기 어렵습니다. 쳐서 복종시켜야만 열매를 맺습니다. 어느 쪽에 순종하느냐에 따라 그 열매는 분명히 달라질 것입니다.

마지막 싸움은 정체성을 둘러싼 전쟁입니다. 사도 바울은 이 전쟁을 누구보다 분명하게 꿰뚫어 보았습니다.

"내 속사람으로는 하나님의 법을 즐거워하되 내 지체 속에서 한 다른 법이 내 마음의 법과 싸워 내 지체 속에 있는 죄의 법으로 나를 사로잡는 것을 보는도다"(롬 7:22-23)

영적전쟁은 밖에서 시작되지 않습니다. 항상 내 안에서 시작됩니다. 성경은 우리 안에 두 흐름이 동시에 존재한다고 말합니다. 하나는 속사람, 다른 하나는 겉사람입니다.

속사람은 성령으로 거듭난 우리의 영을 중심으로 움직입니다. 그 주체는 우리의 영이며, 속사람을 이끌고 가시는 분은 성령님이십니다.

반면 겉사람은 우리의 혼과 육체의 영역, 곧 생각과 감정과 의지의 반응으로 움직입니다. 겉사람은 환경과 감정, 상황에 즉각 반응합니다. 문제는 겉사람의 영역이 악한 영이 쉽게 접근하고 흔들 수 있는 영적 거점이 된다는 것입니다.

우리 안에서 벌어지는 이 세 가지 전쟁은 지금 이 순간에도 매우 치열하게 진행되고 있습니다. 다만 보이지 않기에, 그 전쟁의 깊이와 강도를 온전히 체감하지 못할 뿐입니다. 아무리 기도해도, 아무리 예수님의 이름으로 대적해도 겉으로는 아무 변화가 없는 것처럼 느껴질 때가 있습니다.

그러나 영의세계에서는 분명한 변화가 일어나고 있습니다. 우리가 해야 할 일은 낙심하는 것이 아닙니다. 더욱더 영적인 지식을 쌓고, 분별의 능력을 키우며, 성령님의 통치를 강화시키는 것입니다.

영적전쟁은 특별한 사람들만의 이야기가 아닙니다. 지금 이 순간에도 우리는 누구의 음성에 귀를 기울이고 있는지, 어떤 기준으로 판단하고 있는지, 누구의 통치 아래 머물고 있는지를 선택하며 살아가고 있습니다.

하나님께 속한 통치가 분명해질수록, 영적 공격은 점점 힘을 잃게 될 것입니다. 보이지 않는 이 영적전쟁에서 성령님의 통치 아래 머무는 사람은 반드시 승리하게 될 것입니다.

"그러므로 우리가 낙심하지 아니하노니 우리의 겉사람은 낡아지나 우리의 속사람은 날로 새로워지도다"(고후 4:16)

영적전쟁 속 시험, 실제 삶에서 분별하는 법

영적전쟁에서 많은 성도들이 무너지는 지점은 시험에 빠지는 순간입니다. 기도의 흐름이 무너지고, 분별이 흐려지며, 마음이 흔들리는 순간, 영적전쟁의 승패는 급격히 기울기 시작합니다.

사탄은 바로 이 틈을 노립니다. 시험에 들게 하고, 유혹에 빠지게 하며, 고난과 어려움이 겹쳐지는 지점에서 생각과 마음을 집중적으로 공격합니다. 사탄은 지금도 우는 사자처럼 삼킬 자를 찾으며 멈추지 않고 사람의 영혼을 노리고 있습니다.

영적전쟁은 특별한 상황에서만 벌어지는 싸움이 아닙니다. 시험의 형태로, 문제의 모습으로, 고난과 고통이라는 이름으로 우리 일상의 한복판에서 끊임없이 진행됩니다. 이 때문에 시험을 가볍게 여기면 영적전쟁에서 패배하게 될 수도 있습니다. 그렇기 때문에 시험 앞에서 우리는 분별해야 합니다. 분별하지 않으면 전쟁의 주도권이 사탄에게 넘어갈 수도 있기 때문입니다.

가장 힘들고 어려운 순간에 하나님을 찾으면 승리의 길로 나아가게 되지만, 사탄이 제시하는 쉬운 해답과 타협을 붙잡는 순간 전쟁의 흐름은 완전히 달라집니다. 결국 시험은 가장 힘들 때 누구를 찾느냐의 싸움입니다.

시험과 유혹, 고난과 고통이 모두 사탄으로부터만 오는 것은 아닙니다. 문제는 이 모든 상황을 분별하지 못할 때입니다. 근원을 분별하지 못한다면, 사탄이 이미 쳐놓은 덫을 밟게 되어 더 깊은 시험과 더 큰 어려움으로 끌려가게 됩니다. 영적전쟁에서 분별은 선택이 아니라 생존의 문제입니다. 분별할 때만 사탄의 전략에 그대로 노출되지 않기 때문입니다.

성경에는 시험과 고난을 경험한 사람들이 끊임없이 등장합니다.[17] 이스라엘 백성도, 요셉도, 다윗도, 욥도 고난을 통과해야 했습니다. 신약 시대의 성도들 역시 예외가 아니었습니다. 지금 이 시대를 살아가는 우리 또한 고난의 한복판에 서 있습니다. 문제는 고난 자체가 아니라 그 고난의 근원이 서로 다르다는 사실입니다.

어떤 이는 자신의 욕심으로 시험에 들었고, 그 틈을 타 사탄이 깊숙이 침투하여 파멸로 이끌었습니다(약 1:14-15).

욥은 하나님께서 사탄에게 허락하심으로 고난을 겪어야 했습니다(욥 1:12). 아브라함은 이삭을 바쳐야 하는 믿음의 시험대 앞에 섰습니다(창 22:1-2). 요셉은 형제들에게 팔려 애굽 땅에서 버려진 고아처럼 견뎌내야 했습니다(창 37:28).

●

17 고난을 당하는 대상에 따른 고난의 형태와 특징
  1) 불신자의 고난 : 하나님이 억지로 고난을 주지는 않으십니다.
    − 죄로 기인된 고난이 대부분이며, 하나님을 믿지 않는 것이 가장 큰 고난입니다.
  2) 초신자/지식적으로 믿고 있는 사람의 고난
    − 고난의 4가지 종류를 다 경험하게 될 수 있습니다.
  3) 성령이 내주하여 거듭난 성도의 고난
    − 다양한 형태의 훈련과 연단을 위한 시험이 있을 수 있습니다.
      속사람과 겉사람의 전쟁가운데 하나님의 뜻을 선택하므로 고난이 찾아올 수 있습니다.
  4) 성숙한 그리스도인의 고난
    − 부당한 고난, 거룩한 고난입니다. 스데반이 돌아 맞은 것처럼, 사도 바울이 고난을 당한 것처럼 하나님의 영광을 위해 기꺼이 받는 고난입니다.

아나니아와 삽비라는 죽음이라는 심판대 앞에 서야 했고(행 5:1-10), 가룟 유다 역시 시험을 통과하지 못했습니다(마 26:14-16). 아담과 하와는 하나님의 말씀에 불순종하는 순간, 그 틈새로 뱀이 비집고 들어왔고 결국 에덴에서 쫓겨나는 시험에 빠졌습니다(창 3:1-6, 23). 그 이후 가인과 아벨의 비극을 경험해야 했습니다(창 4:8).

지금 우리 삶에 연속적으로 밀려오는 시험과 고난 역시 그 근원을 분별하지 않는다면 같은 패턴으로 반복될 수밖에 없습니다. 시험과 유혹, 고난과 고통이 휘감을 때, 그 시험이 어디로부터 왔는지를 분별하는 능력은 선택이 아니라 필수입니다.

우리에게 밀어닥쳐오는 시험과 유혹은 주로 네 가지 근원을 통해 다가옵니다.

첫째, 자기 욕심과 죄로 인한 시험입니다.

야고보서는 시험에 빠지게 되는 근원을 인간의 욕심에서 찾습니다(약 1:13-15). 욕심은 죄를 낳고, 죄는 사탄이 역사할 수 있는 통로를 만듭니다. 인간의 본성상 원죄가 있기에 방어하기가 참 어렵습니다. 욕심과 죄의 틈을 통해 악한 영은 상황과 환경을 흔들며 사람을 점점 깊은 고난 속으로 끌고 들어갑니다.

욥이 죄가 있어서 사탄의 공격을 받은 것이 아니었습니다. 하나님의 허락하심 안에서 외부에서 가해진 공격이었습니다. 욥에게 죄와 욕심이 없었기에 사탄이 욥 안으로 들어가 역사하지 못했던 것입니다. 반면 욕심과 죄가 있다면 악한 영의 침투를 허용하게 되고, 삶의 전 영역을 흔드는 시험으로 이어지기 쉽습니다.

둘째, 하나님으로부터 오는 시험과 연단입니다.

하나님께서 아브라함에게 이삭을 바치라는 시험을 하셨던 것은 분명한 목적이 있었습니다. 그의 믿음이 참인지, 마음의 중심이 어디에 있는지, 순종을 선택하는지, 오직 하나님만을 섬기는지를 드러내기 위함이었습니다. 이 시험은 파멸하기 위함이 아닙니다. 믿음의 성숙을 위해 하나님이 허락하신 시험입니다. 고통은 따르지만, 그 끝은 반드시 믿음의 성숙으로 이어집니다.

우리는 하나님이 허락하신 시험 앞에서 아브라함처럼 믿음을 증명해야 합니다. 시험을 분별하고 통과할 때, 하나님께서 아브라함을 복의 근원이 되게 하신 것처럼, 우리 역시 하나님의 약속 안에 서게 될 것입니다.

셋째, 사람이 하나님을 시험하는 경우도 있을 수 있습니다.

교만은 언제나 시험을 일으키고, 결국 사탄이 공격할 수 있는 통로를 만듭니다. 사울 왕이 그 대표적인 예입니다. 성령이 충만했을 때 그는 겸손했지만, 사무엘이 올 때까지 기다리라는 하나님의 말씀에 불순종하며 제사를 드림으로 하나님을 시험했습니다(삼상 13:8-14). 이후 신접한 여인을 찾아 자신의 미래를 묻는 행위 역시 하나님을 시험한 사건이었습니다(삼상 28:7). 그 결과 하나님의 영이 떠났고 악령이 그를 사로잡게 되었습니다(삼상 16:14).

하나님께서는 분명히 말씀하셨습니다.

"너희의 하나님 여호와를 시험하지 말라"(신 6:16)

이는 기드온처럼 순종을 전제로 확증을 구하는 것과는 전혀 다른 차원의 문제입니다(삿 6:36-40). 하나님의 뜻을 묻기보다 자신의 요구를 관철시키려는 태도, 말씀 위에 서기보다 하나님을 판단하려는 마음은 결국 멸망으로 이어집니다. 성경은 하나님을 시험하지 말라고 단호하게 경고하고 있습니다.

마지막으로, 사탄이 주는 시험과 유혹입니다.

이 시험이야말로 영적전쟁의 중심에 놓인 시험입니다. 사탄의 유혹과 시험은 언제나 하나님의 허락 안에서만 가능하지만, 그 전략은 집요하고 치밀합니다.

예수님조차도 공생애를 시작하시기 전 이 시험을 통과하셔야 했습니다(마 4:1). 욥 역시 사탄의 참소로 고난의 시험대 위에 서게 되었습니다. 시험과 고난은 피할 수 없는 현실입니다. 그러나 사탄의 전략을 알고 분별한다면 이 시험은 패배가 아니라 승리의 통로가 될 수 있습니다. 시험과 유혹에 통과함으로 하나님께 인정받을 수 있는 절호의 기회가 될 수도 있습니다.

사탄은 결코 노골적으로 '악을 행하라'고 말하지 않습니다. 인간의 약점을 교묘히 공략합니다. 마태복음 4장에서 예수님을 시험한 방식을 보면, 사탄은 주로 다섯 가지 전략으로 다가옵니다.

첫째, 필요와 결핍을 이용한 시험입니다. 금식으로 굶주린 예수님께 돌을 떡으로 만들라고 유혹합니다(마 4:3). 하나님의 뜻보다 당장의 필요를 앞세우게 하며, 기다림을 포기하게 하고 편법을 합리화합니다.

둘째, 세상의 상식과 타협하게 하는 시험입니다. "다들 그렇게 산다", "나 하나 다르다고 세상이 바뀌지 않는다"는 논리로 신앙의 기준을 흐리게 만듭니다. 예수님께도 성전 꼭대기에서 뛰어내리면 하나님이 지켜 주실 것이라며 말씀을 왜곡해 유혹했습니다(마 4:6). 이는 하나님과 세상을 동시에 섬기도록 만드는 위험한 타협입니다.

셋째, 명예와 성공을 미끼로 삼는 시험입니다. 자신에게 경배만 하면 세상의 모든 영광을 주겠다는 제안은 굉장히 위험한 시험입니다. 이러한 시험은 '성공을 위해서라면 무엇이든 정당화될 수 있다'는 왜곡된 가치관을 만들어 냅니다. 이 세상의 신이 되어 버린 사탄은 지금도 자신에게 경배한다면 돈과 재물을 주겠다고 사람들을 유혹합니다.

넷째, 정체성을 흔드는 시험입니다. "네가 하나님의 아들이거든"이라는 말은 존재 자체를 흔드는 공격입니다. 정체성이 흔들리는 순간 믿음의 토대도 함께 무너집니다.

마지막으로, 하나님을 시험하도록 요구하는 시험입니다. 성전 꼭대기에서 뛰어내리라는 사탄의 유혹 속에는 간교한 교만이 숨어 있습니다. 믿음처럼 보이지만 실상은 불순종으로 이끄는 시험입니다.

이 모든 전략의 공통점은 분명합니다. 죄를 노골적으로 요구하지 않습니다. 합리적이고 현실적이며 그럴듯해 보입니다. 그래서 더욱 치명적인 것입니다.

앞으로도 우리 앞에 시험과 유혹, 고난은 사라지지 않을 것입니다. 핵심은 그 안에서 무엇을 보고, 무엇을 선택하느냐에 있습니다. 시험의 출처를 분별하지 못하면 하나님께 맡겨야 할 싸움을 스스로 해결하려 들고, 대적해야 할 대상을 단순한 일상의 문제로 치부해 버립니다.

사탄은 시험 속에서 언제나 해답을 들고 다가옵니다. 즉각적이고 시원한 해결책이 있는 것처럼 보이지만, 그 선택 이후에 더 깊은 고난이 기다리고 있을 수 있습니다. 시험의 순간에 하나님을 붙잡지 않는다면, 영적전쟁은 순식간에 패배로 기울게 됩니다.

어쩌면 시험은 하나님께서 우리의 믿음을 점검하시기 위해 허락하신 무대일 수 있습니다. 아브라함과 욥처럼, 모든 것을 주관하시는 하나님의 손안에서 일어나는 일일 수도 있습니다. 그러나 분별하지 못하고 시험을 통과하지 못한다면, 그 시험은 더 큰 고통으로 이어질 수 있습니다. 반대로 분별하며 서 있는 사람은 결코 무너지지 않습니다. 성령의 통치 아래 머무는 사람은 시험과 고난 속에서도 길을 잃지 않기 때문입니다.

하나님께서는 감당할 수 없는 시험은 허락하지 않으시며, 시험 당할 즈음에 반드시 피할 길을 예비해 두신다고 약속하셨습니다.

하나님의 약속을 신뢰하십시오.

지금부터 내 삶에 다가오는 시험을 분별하는 훈련을 시작하십시오. [18]

"사람이 감당할 시험 밖에는 너희가 당한 것이 없나니 오직 하나님은 미쁘사 너희가 감당하지 못할 시험 당함을 허락하지 아니하시고 시험 당할 즈음에 또한 피할 길을 내사 너희로 능히 감당하게 하시느니라"(고전 10:13)

---

18 그리스도인의 시험과 고난을 대하는 5가지 태도 (약 1:2-4)
   1) 시험이 어디로부터 온 것인지를 분별하십시오.
   2) 시험을 당할 때 기쁘게 여기십시오.
   3) 시험을 당할 때 인내하십시오.
   4) 시험을 당할 때 맡은 바 직임에 충성하십시오.
   5) 시험을 당할 때 기도하며 하나님께 도움을 구하십시오.

영적전쟁을 승리로 이끄는 거룩한 분노

10여 년 전의 일이 지금도 선명하게 떠오릅니다. 기도의 자리에 앉았을 때, 처음에는 마음이 고요했습니다. 그저 하나님께 집중하며 침묵 가운데 머무르고 있을 뿐이었습니다. 그러나 시간이 조금 흐르자, 내 안에서 형언할 수 없는 분노가 치밀어 오르기 시작했습니다. 그 분노는 누군가를 향한 감정이 아니었습니다. 상황과 환경을 탓하는 분노도 아니었습니다. 오히려 하나님 앞에서 점점 더 선명해지는 악을 향한 분노, 사탄을 향한 분노였습니다.

그때 나는 영적으로 선명하게 분별했습니다. 이 분노는 나의 혼의 영역에서 일어나는 감정이 아니라, 성령께서 내 안에 부어 주시는 거룩한 분노라는 것을 말입니다.

영적전쟁의 관점에서 볼 때, 내 안에서 일어나는 분노는 반드시 분별 되어야 합니다. 혼의 영역에서 일어나는 사람의 분노는 쉽게 식습니다. 그러나 그 분노는 사람과의 관계를 무너뜨리고, 결국 자신을 갉아먹습니다. 반면 거룩한 분노는 하나님과 함께 악을 대적하는 힘으로 변화되기에 영적전쟁 가운데 강력한 능력을 발휘합니다.

사도 바울은 분노에 대해 이렇게 말합니다.

"분을 내어도 죄를 짓지 말며 해가 지도록 분을 품지 말고 마귀에

게 틈을 주지 말라"(엡 4:26-27)

사람은 분노를 낼 수 있습니다. 희로애락의 감정을 가진 존재로서 화가 날 수도 있고, 분노가 일어날 수도 있습니다. 화 자체가 곧 죄는 아닙니다. 그러나 그 분노를 해가 지도록 품거나 더 나아가 그것이 다른 사람을 향해 쏟아질 때, 분노는 죄로 이어질 수 있습니다. 이러한 상태가 지속되면 결국 마귀에게 틈을 주게 됩니다.

성경은 분노를 하나로 묶어 두리뭉실하게 설명하지 않습니다. 분노에는 네 가지 종류가 있습니다. [19]

첫째, 정당한 분노입니다. 이는 선과 악에 반응하는 분노입니다. 모세가 금송아지를 만든 이스라엘 백성을 향해 분노했던 장면이 대표적입니다(출 32:19-20). 이 분노는 하나님의 거룩함이 훼손될 때 나타나는 반응이며, 공동체를 살리기 위한 분노였습니다. 하나님께서는 정당한 분노를 통해 선과 악을 판단하시고 징계하시며 심판하셨습니다. 이는 공의로운 재판관이신 하나님께서 가지신 분노입니다.

---

19 분노의 4가지 종류 (표출하는 분노 VS 다스리는 분노)
　　1) 정당한 분노
　　2) 거룩한 분노
　　3) 일반적인 사람의 분노
　　4) 악한 영의 장악에 의한 악한 분노

모세와 같이 성령이 충만한 사람이 선과 악을 판단하며 그 분노를 하나님께 토설할 때, 하나님께서는 정당한 분노를 통해 공의롭게 재판하십니다.

둘째, 거룩한 분노입니다. 거룩한 분노는 사람을 향하지 않습니다. 사탄과 악한 영을 향한 분노입니다. 예수님께서 성전을 더럽히는 악한 세력을 향해 채찍을 휘두르셨던 것이 바로 거룩한 분노입니다(막 11:15-17).

거룩한 분노는 성령께서 주도하시며 예수님의 이름과 결합될 때 더욱 강력해집니다. 예수님의 이름으로 거룩한 분노가 표출될 때, 악한 영들은 견디지 못하고 쫓겨나갑니다(막 16:17). 영적전쟁의 현장에 서 있는 이들에게 사탄을 향한 거룩한 분노는 반드시 필요한 무기입니다.

셋째, 일반적인 사람의 분노입니다. 요나의 분노가 여기에 해당합니다. 자신의 기대와 뜻이 어그러질 때, 인간의 혼의 감정에서 자연스럽게 솟구치는 분노입니다(욘 4:1, 9). 이 분노는 죄는 아니지만, 다스리지 않으면 악한 영의 통로가 될 수 있습니다(약 4:1).

넷째, 악한 분노입니다. 이미 분노의 영에게 잠식당한 상태입니다. 오랫동안 분을 품고 누군가를 향해 분노를 쏟아부을 때, 사탄은 그 틈을 놓치지 않습니다(엡 4:26-27). 사울 왕이 다윗을 향해 품었던 분노가 그 대표적인 예입니다. 시기와 질투에서 시작된 분노는 결국 악한 영의 장악으로 이어졌고, 그는 다윗을 죽이려 창을 던지게 됩니다(삼상 18:7-11). 분노의 영이 사울 왕을 사로잡은 결과였습니다. 악한 분노에 휩싸이게 되면, 분노를 부추기는 악한 영의 활동은 점점 더 강해집니다. 결국 분노를 일으키게 하는 악한 영의 지배에 들어가게 되는 것입니다. 겉으로 보기에는 사람이 분노하는 것처럼 보이지만, 영의세계에서 분별해 보면 악한 영들이 그 사람 안에서 분노를 조종하여 다른 사람을 향해 쏟아붓고 있는 것입니다. 이로 인해 또 다른 상처와 트라우마, 쓴뿌리가 자라나며 많은 사람들을 시험에 들게 합니다.

내가 축사 사역의 부르심을 받게 된 계기가 있었습니다.[20]

오래전, 한 집사님의 가정에 심방을 갔을 때 그 집안이 어둠에 의해 완전히 장악되어 있음이 분별되었습니다. 누군가가 나를 노려보

●

20 축사 기도를 받고자 할 때 가장 안전한 방법
　　1) 자신이 섬기고 있는 담임목사님에게 안수 받으십시오.
　　2) 성령의 열매가 있다고 검증된 사역자에게 안수 받으십시오.
　　3) 믿을만한 공동체가 있다면 중보를 부탁 하십시오.
　　4) 성령께서 친히 치유하시도록 기도의 분량을 늘리십시오.
　　5) 말씀과 기도를 통해 귀신이 스스로 떠나게 하십시오.

는 것과 같은 섬뜩함이 느껴졌고, 몸이 오싹해질 만큼 두려운 생각이 밀려왔습니다. 그 가정 안에 악한 영이 역사하고 있음을 느낄 수 있었습니다.

악한 영을 향해 대적기도를 하자, 그동안 집사님을 향해 악한 영이 투영해 온 음성이 선명하게 드러났습니다. 그 집사님에게 그동안 죽음의 생각을 무차별적으로 쏟아붓고 있었던 것입니다.

"포기해라. 아무 소망도 없다. 살아갈 이유가 없다. 차라리 죽어버려라."

그 순간, 내 안에서 거룩한 분노가 폭발하듯 솟구쳤습니다. 그 분노는 사람을 향한 것이 아니었습니다. 집사님을 억눌렀던 악한 영들을 향한 분노였습니다.

나는 예수님의 이름으로 강하게 선포했습니다.

"예수 그리스도의 이름으로 명하노니, 이 집사님 안에서 우울과 자살을 부추기는 모든 악한 영들은 떠나갈지어다!"

그 즉시 현장의 공기가 바뀌었습니다. 악한 영들이 쫓겨나가는 것이 영적으로 분별되었습니다. 그 순간 집사님은 기침과 구토를 반복하며 축사의 반응을 보였고, 나는 깨달았습니다. 내가 한 것은 거룩한 분노를 가지고 예수님의 이름으로 대적했을 뿐인데, 치유가 임했던 것입니다. 그때 알게 되었습니다. 거룩한 분노는 영의세계에서 강력한 무기이며, 여호와 닛시의 깃발을 꽂는 승리의 선포라는 것을 말입니다.

나에게 있어 거룩한 분노는 단순한 사역의 도구가 아닙니다. 내 삶의 가장 깊은 상처 속에서 하나님께서 주신 응답이었습니다.

불과 7년 사이에 사랑하는 가족 세 명이 자살로 생을 마감했습니다. 도저히 감당할 수 없는 고통이었고, 숨조차 제대로 쉴 수 없는 절망이 남은 가족에게 고스란히 남겨졌습니다. 그 고통의 근원이 어디에서 비롯되었는지 알지 못했을 때, 나의 분노는 하나님을 향했습니다. 하나님을 원망했고, 대적했고, 마음으로 밀어냈습니다.

때로는 사람을 향한 분노로 터져 나오기도 했습니다. 행복하게 웃고 있는 사람들의 모습조차 견딜 수 없을 만큼, 이 세상에서 나만 고통을 받는 것 같은 억울함이 분노로 쏟아져 나왔습니다. 그러나 예수님을 믿고 난 후, 하나님께서 기도 가운데 분명히 보여 주셨습니다.

어느 날 기도 중에 환상을 통해, 가족의 죽음 뒤에서 역사했던 악한 영들의 간계를 알게 하셨습니다. 악한 영들은 절망과 죽음, 거짓된 음성을 나의 아버지로부터 시작해 둘째 오빠와 큰 오빠에게까지 쏟아 붓고 있었습니다. 그때 처음으로 사탄을 향한 거룩한 분노가 솟구쳐 올라왔습니다. 그 이후 나는 결단하며 기도했습니다.

"하나님, 이제 더는 사람을 미워하지 않겠습니다. 설령 나에게 상처를 주었다 할지라도 그 누구도 원망하지 않겠습니다. 하지만 그 사람을 통해 역사하고 있는 악한 영들에 대해서는 참지 않겠습니다. 하나님이시여, 거룩한 분노를 제게 부어 주시사 악한 영들을 파쇄하게 하소서. 무저갱으로 보낼 권세를 제게도 주시옵소서!"

영적전쟁에서 승리하기 위해서는 사탄을 향한 거룩한 분노가 반드시 필요합니다. 거룩한 분노가 임한 그 순간부터 나는 악한 영들을 대적하고 쫓아내는 사역으로 부르심을 받게 되었습니다.

다윗 역시 악의 세력 앞에서 거룩한 분노를 품었던 사람입니다. 골리앗 앞에 선 다윗은 분노했습니다. 그러나 그 분노는 사람을 향한 것이 아니었습니다.

"네가 어찌 살아 계신 하나님의 군대를 모욕하느냐"(삼상 17:26).

다윗은 만군의 여호와의 이름으로 골리앗을 향해 나아갔습니다(삼상 17:45). 이 전쟁은 하나님을 능욕하는 사탄을 향해 분노를 쏟아내는 거룩한 싸움이었습니다.

거룩한 분노는 반드시 사람을 향한 분노와 구분되어야 합니다.[21] 악한 영들은 사람 안에 숨어 분노를 일으키고 관계를 파괴합

●

21 나에게 일어나는 분노에 따라 대처하는 방법
  1) 어디로부터 기인된 분노인지 분별하라
  2) 분노에 종류에 따라 처방전이 다름을 인식하라
  3) 정당한 분노, 거룩한 분노라면 하나님 앞에서 더욱 표출하라
  4) 일반적인 사람의 감정 안에서의 분노라면 다스리라
  5) 마귀가 틈탄 악한 분노라면 회개하라
  6) 악한 분노라면 대적하고 묶임을 파쇄하라
  7) 악한 분노라면 마귀에게 틈을 다시 주지 않겠다고 결단하라
  8) 분노를 주는 대상과 가급적 화해하라

니다. 그러나 분별의 눈이 열리게 된다면, 우리는 사람을 불쌍히 여기며 그 안에 역사하는 악한 영을 대적할 수 있습니다.

거룩한 분노는 악을 향한 하나님의 마음이며, 선과 악을 공의롭게 판단하시는 하나님의 공의입니다. 지금도 하나님께서는 우리 안에서 거룩한 분노가 일어나길 원하십니다.

사람을 향한 분노가 아니라, 사탄을 향한 분노로 나아가십시오.

거룩한 분노가 우리 안에 있을 때, 악한 영들은 견디지 못하고 떠나갈 것입니다.

"마귀의 간계를 능히 대적하기 위하여 하나님의 전신 갑주를 입으라"(엡 6:11)

내 안에 있는 천국 열쇠, 자가(셀프) 축사의 비밀

"믿는 자들에게는 이런 표적이 따르리니 곧 그들이 내 이름으로 귀신을 쫓아내며 새 방언을 말하며 뱀을 집어 올리며 무

9) 분노가 날 때마다 하나님께 기도하라
10) 하나님께 토설하며 분노를 쏟아내라

이 말씀은 예수님께서 직접 주신 약속입니다. 이 약속은 소수의 영적 엘리트에게만 주어진 것이 아닙니다. 믿는 모든 자들에게 주신 언약입니다. 예수님을 구주로 고백하고 성령이 내주하시는 모든 성도에게 주신 말씀입니다. 교회 전체에게 위임된 권세입니다.

그럼에도 많은 성도들은 여전히 이렇게 묻습니다.

"축사는 특별한 사람만 하는 것 아닌가요?"

"목사님이나 사역자들이 하는 사역 아닌가요?

"혼자 하면 너무 위험하지 않나요?"

마태복음 16장에 이러한 질문에 대한 해답이 있습니다.

여기서 주목해야 할 것은 '천국 열쇠'는 음부의 권세를 이긴 자에게 주시는 영적 권세라는 것입니다. 좌충우돌했던 베드로가 천국 열쇠를 받은 이유는 신앙을 고백했기 때문이었습니다.

"주는 그리스도시요 살아 계신 하나님의 아들이시니이다"(마 16:16)

결국 자가 축사의 출발점은 직분과 직책도 아닙니다. 특별한 기술이나 방법도 아닙니다. 예수님이 누구신지에 대한 분명한 신앙고백을 하고 있다면 그 누구라도 축사의 능력이 나타날 수 있다는 것입니다.

자가 축사, 곧 셀프 축사란 성령이 내주하시는 성도가 예수님의 이름과 권세를 사용하여, 자기 안에서 역사하는 악한 영들의 공격을 분별하고 대적하며 몰아내는 믿음의 행위를 의미합니다. 이는 즉흥적이거나 무질서한 행동이 아닙니다. 성경이 말하는 영적전쟁의 한 방법입니다. 자가 축사가 가능한 이유는 분명합니다.[22] 성령님이 우리 안에 내주해 계시기 때문입니다.

"너희는 너희가 하나님의 성전인 것과 하나님의 성령이 너희 안에 계시는 것을 알지 못하느냐"(고전 3:16)

성령님은 외부에서 필요할 때만 도와주시는 분이 아니라, 우리

---

22 자가 축사를 할 수 있는 그릇과 조건
　　1) 하나님이 친히 싸워주신다는 믿음의 정도
　　2) 성령의 충만함의 정도
　　3) 기도의 능력과 분량의 정도
　　4) 영적인 체험의 정도
　　5) 거룩함과 경건의 정도

안에 거하시며 권세의 근원이 되시는 분입니다. 그러나 축사가 더욱 강력하게 일어나는 영적 원리가 있습니다.

"그런즉 너희는 하나님께 복종할지어다 마귀를 대적하라 그리하면 너희를 피하리라"(약 4:7)

먼저 하나님께 복종해야 합니다. 하나님을 향한 복종 위에 세워진 믿음 안에서 마귀를 대적할 때 실제적인 축사가 일어납니다. 예수님을 주로 고백하지 않는 상태에서 행해지는 축사는, 설령 어떤 현상이 나타난다 하더라도 하나님 앞에서는 불법입니다(마 7:21-23). 하나님께 복종하는 믿음 위에 서 있을 때에 원수는 두려워 떨며 떠나갑니다.

"점치는 귀신 들린 여종이… 이같이 여러 날을 하는지라 바울이 심히 괴로워하여 돌이켜 그 귀신에게 이르되 예수 그리스도의 이름으로 내가 네게 명하노니 그에게서 나오라 하니 귀신이 즉시 나오니라"(행 16:16-18)

사도 바울은 점치는 귀신이 들린 여종에게 '그에게서 나오라'고 명령했습니다. 사도 바울은 누군가를 불러오지도 않았고, 시간을 끌지도 않았습니다. 오직 예수님의 이름으로 직접 명령했고, 귀신은 즉각 반응하며 떠났습니다.

여기서 우리는 자가 축사의 두 가지 범주를 분명히 구분할 필요가 있습니다.

첫째, 협의적 축사입니다.

협의적 자가 축사란 예수님의 이름을 사용하여 의지적으로 악한 영을 명령하고 쫓아내는 행위를 말합니다. 이는 귀신을 쫓아내고 뱀을 집어 올리는 영역으로, 영적전쟁에 대한 이해와 지속적인 훈련이 요구됩니다(막 16:17).

둘째, 광의적 자가 축사입니다.

광의적 자가 축사는 성령으로 충만한 삶 그 자체가 빛이 되어, 악한 영들이 스스로 드러나고 물러가는 상태를 의미합니다. 예수님께서 지나가실 때 직접 명령하지 않으셔도 귀신들이 먼저 떨며 반응했던 것처럼, 성령의 임재 앞에서는 어둠이 숨을 수 없습니다.

성령의 임재가 충만한 집회나 기도로 가득한 공간 안에서 악한 영들이 스스로 발작하며 떠나는 현상은 광의적 자가 축사의 실제적인 모습입니다. 빛이 임하면 어둠은 물러가며, 그 자리에 하나님의 나라가 임하는 것입니다.

우리가 생각하는 것보다 악한 영의 공격은 훨씬 더 다양합니다. 문제는 그것이 눈에 보이지 않기 때문에, 많은 사람들이 영적 공격으로 인식하지 못한 채 고통을 겪고 있다는 데 있습니다.

악한 영은 주로 생각을 통해 죄를 유도하며, 해결되지 않은 상처와 죄, 그리고 숭배의 통로를 통해 침투합니다. 그렇기 때문에 자가 축사를 행할 때 가장 먼저 해야 할 일은 그들이 거처로 삼고 있는 '집'을 파쇄하는 일입니다. 상처의 집, 죄의 집, 숭배의 집이 그대로 남아 있다면 쫓겨난 악한 영은 다시 돌아올 수 있기 때문입니다(마 12:43-45).

악한 영의 거처를 파쇄하는 가장 실제적인 방법은 죄를 멀리하는 것입니다. 회개의 삶을 사는 것입니다. 죄를 짓지 않기 위해 몸부림칠 때, 악한 영의 거처는 우리 안에서 무너지기 시작합니다. 더 이상 우상숭배를 하지 않을 때, 우상을 숭배하도록 역사하던 영들은 떠나갑니다. 더 이상 누군가를 미워하고 저주하지 않을 때, 미움의 영들 또한 설 자리를 잃게 됩니다.

내 안에 냄새나는 쓰레기가 있다면 언제든지 그 쓰레기 더미 위로 더러운 해충들이 몰려들 수 있습니다. 어디에서 악취가 나는지를 분별하고, 그 근원을 제거하는 것에서부터 악한 영들의 거처는 드러나고 파쇄될 수 있습니다.

축사가 일어날 때 나타나는 반응은 사람마다 다릅니다. 이는 악한 영의 장악의 정도와 개인의 영적 민감성의 차이 때문입니다. 성경에서도 귀신이 떠날 때 소리를 지르거나 경련을 일으키며 죽은 것 같이 되는 장면이 기록되어 있습니다(막 9:25-27).

사역 현장에서의 경험을 보면 기침, 하품, 재채기, 몸의 떨림, 감정의 분출, 눈물과 같은 반응이 나타나는 경우가 많습니다. 이러한 현상은 비교적 경미한 상태에서 나타납니다.

그러나 악한 영의 장악이 깊은 경우에는 발작, 소리 지름, 귀신의 소리를 내거나 심지어 육체를 일시적으로 움직이지 못하도록 붙잡는 현상이 나타나기도 합니다.

축사 과정에서 더 중요한 것은 현상이 아니라 결과입니다. 목적은 오직 하나입니다. 예수님의 이름으로 악한 영들을 쫓아내는 것입니다.

기억해야 할 것은 자가 축사가 모든 문제를 혼자 감당하라는 의미는 아니라는 점입니다. 이는 성령이 내주하신 하나님의 자녀라면 우리 안에 주어진 영적 권세를 훈련하고 성장시키라는 부르심입니다. 스스로 악한 영을 대적하는 자가 축사의 과정에서 갑자기 말문이 막히거나, 몸이 마비되는 듯 한 반응이 지속되고, 아무리 시도해도 돌파가 전혀 일어나지 않는다면 그때는 더 성숙한 사역자의 도움을 받는 것이 지혜입니다.

그럼에도 불구하고 자가 축사를 훈련해야 하는 이유는 분명합니다. 영적 권세는 사용할수록 성장하고 돌파가 일어나기 때문입니다. 누군가 대신해 주는 축사는 일시적으로 도움을 받을 수는 있겠으나, 내 안에 있는 잠재된 권세를 성장시키지는 못합니다.

예수님의 이름으로 대적하고 축사하는 것은 교만이 아닙니다. 오히려 성령님을 전적으로 신뢰하는 성숙한 믿음의 표현입니다. 하나님께서 "너희는 믿음을 굳건하게 하여 그를 대적하라"라고 명령하셨기 때문입니다(벧전 5:9).

이제는 도망치지 말고, 우리 안에 있는 천국 열쇠를 들고 일어날 때입니다.

예수님의 이름으로 담대히 선포하십시오.

"은과 금은 내게 없거니와 내게 있는 이것을 네게 주노니 나사렛 예수 그리스도의 이름으로 일어나 걸으라"(행 3:6)

성령으로 무장한 영적전쟁, 축사사역의 영적무기

성경에는 영적무기를 실제로 사용하여 승리했던 인물이 등장합니다. 소년 다윗은 골리앗 앞에 섰을 때 눈에 보이는 칼이나 창을 의지하지 않았습니다. 오히려 보이지 않는 영적무기를 사용했습니다.

"너는 칼과 창과 단창으로 내게 나아오거니와 나는 만군의 여호와의 이름 곧 네가 모욕하는 이스라엘 군대의 하나님의 이름으로

네게 나아가노라"(삼상 17:45)

다윗의 손에 들린 것은 물맷돌이었지만, 실제로 사용된 무기는 하나님의 이름과 그 이름을 신뢰하는 믿음이었습니다. 눈에 보이는 무기는 초라했지만, 영의세계에서 그는 강력한 무기를 소유하고 있었습니다. 이미 승패가 결정된 싸움이었습니다.

문제는 영적무기는 아무나 사용할 수 있는 것은 아니라는 것입니다. 훈련되고 연단된 자만이 정확하게 사용할 수 있습니다.

만약 군대에 막 입대한 병사에게 총을 주게 된다면 어떻게 될까요? 무기를 어떻게 사용할지 몰라 오히려 위험에 처할 수도 있습니다. 반대로 반복된 훈련과 단련을 거친 병사는 자신이 가진 무기로 전쟁의 흐름을 주도할 수도 있습니다.

영적세계 그 안에서의 영적전쟁도 마찬가지입니다. 하나님께서는 이미 우리에게 강력한 영적무기들을 주셨습니다. 그러나 그 무기가 실제로 작동하도록 훈련하시고 단련하시는 분은 성령님이십니다.

영적무기는 눈에 보이지 않지만, 믿음으로 사용될 때 실제적인 승리를 가져옵니다. 문제는 무기의 유무가 아니라, 그 무기를 사용할 수 있도록 영적으로 준비되어 있는가에 있습니다.

가장 중요한 것은 지금 내가 성령으로 무장되어 있느냐 입니다. 성령 충만은 모든 영적전쟁의 출발점이자 근원이기 때문입니다. 성령으로 무장된다는 것은 감정적으로 뜨거워지는 상태를 의미하지 않습니다. 성령께서 우리의 생각과 감정, 의지와 말과 행동의 주도권을 가지고 다스리고 계시는 상태를 말합니다. 다시 말해, 내가 싸우는 것이 아니라 성령께서 나를 통해 싸우시는 자리에 서는 것입니다.

자가 축사나 축사사역을 할 때 반드시 성령님으로 무장해야 합니다. 성령께서 주도하실 때 숨어 있던 악한 영들은 스스로 드러나게 됩니다. 깊이 묻혀 있던 상처와 죄의 뿌리, 원죄의 본성 안에 숨겨진 어둠은 성령의 빛 앞에서 더는 버틸 수 없습니다. 성령의 임재가 강할 때 악한 영들은 끝까지 저항할 수 없습니다. 빛이 임하면 어둠은 물러날 수밖에 없기 때문입니다.

반면 성령으로 무장되지 않은 상태에서 영적무기를 사용하면, 영의세계에서는 변화가 일어나지 않을 수도 있습니다.

에베소서 6장에 기록된 하나님의 전신 갑주는 성경이 말하는 대표적인 영적무기입니다.

진리의 허리띠, 의의 호심경, 평안의 복음의 신발, 믿음의 방패, 구원의 투구와 성령의 검 곧 하나님의 말씀(엡 6:13-17)….

하나님의 전신 갑주는 단순한 상징이 아닙니다. 실제 영적전쟁터에서 방어하고, 공격하며, 끝까지 서 있게 하는 실전 무기입니다. 특히 중요한 점은, 이 모든 무기가 성령 안에서 사용될 때에 강력해진다는 것입니다. 성령님 없는 전신 갑주는 실제 전쟁에서는 그 힘을 발휘하지 못합니다.

전신 갑주 외에도, 축사사역의 현장에서는 다양한 영적무기들이 사용됩니다.[23]

첫째, 예수님의 이름입니다.

예수님의 이름은 모든 이름 위에 뛰어난 이름이며, 그 자체에 권세가 있습니다. "예수 그리스도의 이름으로 명하노니 떠나갈지어다"라는 선포는 어쩌면 단순해 보일 수 있지만 믿음이 실릴 때 영의 세계에서는 즉각적인 반응을 일으킵니다. 가장 중요한 것은 예수님의 이름을 전적으로 신뢰하는 믿음입니다.

둘째, 하나님의 말씀, 곧 성령의 검입니다.

하나님의 말씀은 살아 있고 활력이 있어 혼과 영을 찔러 쪼개는 검입니다(히 4:12). 특히 성령께서 주시는 레마의 말씀을 믿음으로

●

23 영적전쟁 실전에서 사용하는 방어용/공격용 영적무기들
  1) 예수님의 이름 (막 16:17)
  2) 예수님의 보혈 (출 12:12-14)
  3) 기도의 능력 (막 9:29)
  4) 말씀의 검 (히 4:12)
  5) 성령의 불, 하나님의 소멸의 불 (행 2:1-4, 신 4:24, 히 12:29)
  6) 경건과 거룩한 삶 (벧전 1:15-16)
  7) 죄와 피 흘리기까지의 싸움 (히 12:4)
  8) 큰 믿음 / 성령님의 통치 / 영적세계와 전쟁에 대한 확실한 이해와 경험
  9) 하나님을 향한 사랑과 경외하는 마음 등

선포할 때, 악한 영들은 강하게 흔들리며 물러갑니다. 예수님께서 광야에서 사탄을 대적하실 때 사용하신 무기도 하나님의 말씀이었습니다.

셋째, 기도의 능력입니다.

예수님께서는 "기도 외에는 이런 종류가 나갈 수 없다"고 말씀하셨습니다(막 9:29). 지속적이며 깊이가 있는 기도는 영적 공간 자체를 변화시킵니다. 기도가 쌓일수록 영적인 파장이 형성되고, 그 안에서 원수는 설 자리를 잃게 됩니다.

넷째, 방언 기도입니다.

방언은 영으로 하나님께 비밀을 말하는 영의 기도입니다(고전 14:2). 악한 영은 그 내용을 이해하지 못하며 방해할 수도 없습니다. 축사사역 중 방언으로 기도할 때, 악한 영들이 스스로 물러나거나 공격을 멈추는 일들이 실제로 일어납니다.

다섯째, 성령의 불과 소멸의 불입니다.

엘리야 시대에 하나님의 불이 우상숭배의 제단을 태웠던 것처럼, 눈에 보이지 않지만 성령의 불은 영의세계에서 실제로 역사합니다. 성령의 불은 정결케 하고, 묶고, 태워 없애는 탁월한 능력이 있습니다.

여섯째, 경건과 거룩한 삶입니다.

거룩함은 가장 강력한 방어벽입니다. 죄와 타협하지 않는 삶은 악한 영들이 근접할 수 없는 영역을 만듭니다. 축사가 공격이라면,

거룩한 삶은 무너지지 않는 방어 무기입니다.

이 외에도 항상 기뻐하고, 쉬지 않고 기도하며, 범사에 감사하는 삶 역시 강력한 영적무기입니다(살전 5:16-18). 하나님의 뜻대로 살아가는 성도들을 마귀는 공격할 수 없기 때문입니다.

무엇보다도 예수님의 보혈은 이 모든 영적무기 가운데서 핵심이 됩니다. 보혈의 능력과 권세는 다음 장에서 더 깊이 다루게 될 것입니다.

기억해야 할 한 가지는, 영적무기는 믿음 위에서만 작동한다는 것입니다. 안타깝게도 믿음은 하루아침에 만들어지지 않는다는 것입니다. 그래서 우리는 훈련해야 합니다. 영적전쟁을 감당하는 힘은 '영적근육', 곧 지구력에서 나오기 때문입니다.

운동선수들이 메달을 따기 위해 매일 반복 훈련을 하듯, 영적전쟁도 동일합니다. 말씀, 기도, 예배는 영적근육을 키우는 기본 훈련입니다.

말씀은 흔들리지 않는 믿음의 토대를 세웁니다. 기도는 영적 권세와 지구력을 강화하여 끝까지 견뎌낼 수 있는 힘을 줍니다. 예배는 하나님 중심의 삶을 고정시킵니다. 회개와 용서, 성령께서 가르치시는 대로의 순종 속에서 영적근육은 실제로 커지고 자라납니다.

영적근육이 단련된 상태에서 예수님의 이름으로 선포할 때, 영의세계에는 즉각적인 반응이 나타납니다. 우리가 그것을 체감하지 못할 뿐, 전쟁은 이미 진행되고 있는 것입니다.

기억해야 할 것은 영적전쟁은 우리가 주도하는 싸움이 아니라는 것입니다. 성령께서 친히 싸워 주시고, 우리는 그분의 인도하심에 순종하며 무기를 들 뿐입니다.

지금 우리가 묵상해야 할 것은 '어떠한 영적무기를 가지고 있는가'가 아닙니다. '지금 성령으로 무장되어 있는가', '성령으로 충만한가'입니다. 성령으로 무장된 영적 용사는 눈에 보이지 않는 세계에서도 결코 흔들리지 않습니다. 두려워하지도 않습니다. 이미 영의 세계에서는 승부가 끝난 싸움이기 때문입니다.

"우리 하나님은 소멸하는 불이심이라"(히 12:29)

영적세계에서 나타나는 보혈의 능력과 권세

나는 매일 아침 눈을 뜨면 가장 먼저 보혈 기도를 드립니다. 기도할 때마다 예수님의 보혈을 머리부터 발끝까지 뿌리는 기도를 합니다.

"하나님, 머리부터 발끝까지 보혈로 덮어 주시옵소서. 교회 전체에 보혈을 뿌립니다. 예수님의 보혈을 집 전체에 덮습니다. 모든 일상 가운데 덮습니다."[24]

아울러 성도들을 위해 기도할 때면, 그들의 가정과 일터, 자녀들까지도 보혈로 덮습니다. 그렇게 하는 이유는 보혈에는 실제적이며 분명한 보호의 능력이 있음을 경험적으로 알고 있기 때문입니다. 특별히 영적 사역을 할 때에는 가장 먼저 예수님의 보혈을 덮고 뿌립니다. 사역의 현장이나 집회의 자리에서 누군가에게 악한 영의 역사가 드러날 경우, 지체하지 않고 보혈을 선포하며 곧바로 대적 기도로 들어갑니다.

"예수 피! 예수 보혈!"

"하나님, 보혈로 덮어 주시옵소서. 내가 예수 그리스도 이름으로 명하노니 이 사람 안에 있는 모든 어둠은 다 떠나갈지어다!"

보혈을 믿음으로 뿌리고 덮는 순간, 악한 영들은 쉽게 접근하지 못합니다. 때로는 마치 신나를 뿌린 것처럼 격렬한 반응을 보이며 괴성을 지르며 떠나가는 경우도 있습니다. 이는 영적세계에서 보혈이 선포되는 순간, 더는 그 사람을 죄인으로 참소할 수 없기 때문입니다. 이미 예수님께서 십자가에서 죽으심으로 우리의 죄를 대속하

●

24 일상에서 기도할 때 보혈 기도의 방법
1) 기도를 시작하기 전에 보혈로 덮고 뿌리는 기도를 통해 보호를 요청하십시오.
2) 예수 이름으로 승리했음을 믿음으로 선포하며 기도하십시오.
3) 영적전쟁을 수행하며 악한 영들을 대적하십시오.
4) 기도를 마칠 때에 보혈로 덮는 기도로 마치십시오.
5) 영의세계에서 보혈의 능력이 역사하고 있음을 믿으십시오.

셨고, 보혈이 뿌려질 때 악한 영들은 그를 '피 값으로 속량된 자', '죄가 덮인 자', '대속 받은 자'로 인식하게 됩니다.

이처럼 사탄이 정죄할 근거를 잃는 순간, 역사할 통로 또한 상실하게 됩니다. 예수님의 보혈은 악한 영들이 역사할 수 있는 모든 통로를 차단하게 하는 하나님의 은혜의 선물입니다. 뿐만 아니라, 보혈은 악한 영이 넘지 못하도록 영적 경계선을 그어 버리는 능력이 있습니다. 보혈이 덮인 자리에는 어둠이 함부로 침투할 수 없습니다. 재앙이 덮칠 수 없습니다.

무엇보다도 영적세계에서 나타나는 예수님의 보혈에는 네 가지의 특별한 능력이 있습니다.

첫째, 죄사함의 능력입니다.

"그 아들 예수의 피가 우리를 모든 죄에서 깨끗하게 하실 것이요"(요일 1:7)

보혈의 가장 근본적이며 핵심적인 능력은 죄사함입니다. 죄가 보혈로 씻기므로 악한 영들은 합법적으로 공격할 근거를 잃게 됩니다. 공격할 명분 자체를 상실하게 되는 것입니다.

둘째, 대속함의 능력입니다.

"오직 흠 없고 점 없는 어린 양 같은 그리스도의 보배로운 피로 된 것이니라"(벧전 1:19)

보혈은 값을 치르고 사 온 하나님의 거룩한 피입니다. 보혈을 뿌릴 때 우리는 사탄의 소유가 아니라, 예수님의 피 값으로 산 하나님의 소유가 됩니다. 따라서 사탄은 더는 우리를 함부로 건드릴 수 없습니다. 이제 마귀의 자식이 아니라 하나님의 자녀이기 때문입니다. 하나님께서 마귀의 호적에서 하나님의 호적으로 값을 지불하시고 우리를 입양하셨기 때문입니다. 그 결과, 우리의 영적 신분은 분명해지고, 잃어버렸던 권세는 회복됩니다.

셋째, 보호의 능력입니다.

"내가 피를 볼 때에 너희를 넘어가리니 재앙이 너희에게 내려 멸하지 아니하리라"(출 12:13)

출애굽기에서 이스라엘 백성들이 어린 양의 피를 문설주에 발랐을 때, 장자를 치는 재앙은 그 집을 넘어갔습니다. 이는 하나님께서 친히 약속하신 언약이었습니다. 믿음을 가진 사람들은 명령하신 대로 흠 없는 어린 양의 피를 구석구석 바르고, 덮고, 뿌렸습니다. 하나님의 말씀을 믿음으로 순종했을 때 재앙과 죽음의 사자는 그 집을 넘어갔습니다. 지금도 동일합니다. 믿음으로 보혈을 뿌리고 덮을 때, 악한 영의 침투와 공격은 제한되고 차단됩니다.

마지막으로, 영적전쟁에서 방어이자 공격 무기로서의 능력입니다. 보혈은 단순한 방어막에 머무르지 않습니다. 요한계시록에 이렇게 기록되어 있습니다.

"또 우리 형제들이 어린 양의 피와 자기들이 증언하는 말씀으로써 그를 이겼으니"(계 12:11)

예수님의 보혈은 영적전쟁에서 승리를 보장하는 강력한 공격 무기입니다. "예수 피! 예수 피!"를 외치는 순간 어둠은 물러갑니다. 물론 보혈의 능력은 믿음으로 선포될 때 실제로 나타날 수 있습니다.

축사사역을 하다 보면 때로는 길고 치열한 싸움이 이어질 때가 있습니다. 몇 시간, 며칠, 때로는 몇 달이 걸릴 수도 있습니다. 악한 영들은 사람의 입을 잡고 "안 나가! 안 나가!"를 반복하며 떠나지 않으려 합니다. 그런데 보혈을 뿌리기 시작한다면 전쟁의 판도는 확연히 달라집니다.

어떤 경우에는 굳이 악한 영과 긴 대화를 하지 않아도, 보혈을 선포하는 순간부터 영적 분위기가 바뀌기도 합니다. 악한 영들이 버티지 못하고 반응이 약해지거나, 잠잠해지거나, 심지어 스스로 떠나가는 경우도 적지 않습니다. 보혈은 영적전쟁에서 싸움의 주도권 자체를 빼앗아 버리는 강력한 공격 무기라는 것입니다.

그렇다면 보혈을 뿌릴 때 영적세계에서는 구체적으로 어떤 일이 일어날까요?[25] 비록 눈에는 보이지 않지만, 보혈을 믿음으로 뿌리고 선포할 때 영적세계에는 분명한 변화가 일어납니다. 악한 생각과 혼적인 감정, 환경적인 공격은 차단되고, 외부적 혹은 내부적인 사탄의 침투는 제한됩니다. 그 결과, 공격이 멈추면서 마음과 상황은 점차 잠잠해집니다.

또한 보혈의 능력은 사람마다 다르게 나타날 수 있습니다. 보혈의 능력 그 자체는 동일하지만, 그것을 사용하는 사람의 믿음에 따라 영의세계에서 나타나는 역사와 반응도 달라집니다. 믿음 없이 형식적으로 사용할 때와, 작은 믿음으로 선포할 때, 그리고 확고한 믿음과 순종으로 선포할 때의 결과는 확연히 다릅니다.[26] 믿음이 깊어질수록 보혈의 능력은 더욱 분명하고 강력하게 나타납니다.

지금은 마지막 때입니다. 마지막 때가 더 가까워져 올수록 사탄

----

25 예수님의 보혈을 뿌리고 덮을 때 영의세계에서 나타나는 3가지 현상
　　1) 차단 : 생각, 혼적인 감정, 여러 가지 환경들
　　2) 제한 : 외부적, 내부적인 사탄의 침투가 제한됨
　　3) 잠잠 : 생각의 침투와 외부적 공격이 제한되므로 잠잠해짐

26 믿음의 정도에 따라 보혈을 덮고 뿌릴 때 영의세계에서 나타나는 반응
　　1) 보혈에 대한 믿음이 거의 없을 때
　　　　– 입술로만 고백하는 정도이기에 역사하는 힘이 약함
　　　　– 보혈로 사용했을 때와 사용하지 않았을 때의 차이가 별로 없음
　　2) 보혈이 대한 믿음이 생기기 시작할 때
　　　　– 보혈을 사용하지 못하도록 악한 영의 방해가 시작됨
　　　　– 보혈의 능력이 나타나기 시작함, 환경과 상황에 변화가 보이기 시작함
　　3) 보혈에 대한 믿음이 확고할 때
　　　　– 더 이상 악한 영이 기도를 방해하지 못함
　　　　– 보혈의 강력한 능력이 나타나며 믿는 자의 표적들이 나타남

은 거세게 역사할 것입니다. 그럼에도 우리는 두려워하지 않습니다. 주의 보혈은 능력이 있기 때문입니다.

매일의 삶 속에서 예수님의 보혈을 의지하십시오.

보혈을 뿌리고, 덮고, 바르십시오.

보이지 않는 영의세계에서는 이미 주도권이 바뀌어 있을 것입니다.

"내가 애굽 땅을 칠 때에 그 피가 너희가 사는 집에 있어서 너희를 위하여 표적이 될지라 내가 피를 볼 때에 너희를 넘어가리니 재앙이 너희에게 내려 멸하지 아니하리라"(출 12:13)

축사 이후에 펼쳐지는 또 다른 영적전쟁

축사를 통해 악한 영이 떠나가는 순간, 많은 분들은 안도감을 느끼십니다.

"이제 다 끝났구나."

눈앞에서 발작이 멈추고, 흐릿했던 눈빛이 또렷해지는 모습을 보면 그렇게 느끼는 것이 어쩌면 당연할지도 모릅니다. 나 역시도 사역 초기에는 축사가 끝나면 모든 전쟁이 마무리된 줄 알았습니다.

그러나 현장에서 많은 영혼을 만나고 축사사역을 반복하면서 깨닿게 된 사실이 있습니다. 축사는 끝이 아니라 시작일 수 있다는 것입니다. 오히려 그 이후에 더 치열한 영적전쟁이 펼쳐질 수 있다는 것입니다.

예수님께서 약속하셨습니다.

"믿는 자들에게는 이런 표적이 따르리니 곧 그들이 내 이름으로 귀신을 쫓아내며… 병든 사람에게 손을 얹은즉 나으리라 하시더라" (막 16:17-18)

믿는 자에게는 권세가 주어집니다. 그러나 그 권세가 언제나 동일한 결과로 나타나는 것은 아닙니다. 예수님의 제자들도 악한 영을 쫓아내지 못했습니다.

"귀신이 어디서든지 그를 잡으면 거꾸러져 거품을 흘리며 이를 갈며 그리고 파리해지는지라 내가 선생님의 제자들에게 내쫓아 달라 하였으나 그들이 능히 하지 못하더이다"(막 9:18)

제자들이 악한 영을 쫓아내지 못했던 이유[27]에 대해 예수님은

●

27 악한 영들을 쫓아내지 못하는 몇 가지 이유
  1) 혀의 권세가 누구에게 속해 있는가? (약 3:8-10)
  2) 악한 영을 쫓을 만한 믿음이 있는가? (막 9:21-24)
  3) 악한 영의 정체를 정확히 파악하고 있는가? (막 5:8-9)
  4) 기도와 믿음의 영적 파워가 있는가? (막 9:29)
  5) 예수님의 이름을 사용하고 있는가? (막 16:17-18)
  6) 하나님께 복종되어 있는가? (약 4:7)

이렇게 설명하셨습니다.

"기도 외에 다른 것으로는 이런 종류가 나갈 수 없느니라"(막 9:29)[28]

영적세계에서의 질서는 영적 권세에 따라 움직입니다. 자신보다 영권이 더 센 대상 앞에 무릎을 꿇게 되어 있습니다. 우리 안에 성령의 충만함이 채워져 있다면 악한 영들은 그 권세에 압도되어 떠나갑니다. 하지만 영적 권세가 미약하다면 떠나가지 않거나 반응이 나타나지 않거나 더 깊은 영역으로 숨을 수도 있습니다. 심지어 스게와의 일곱 아들처럼 조롱을 당할 수도 있습니다(행 19:14-16). 예수님의 이름으로 대적해도 악한 영들이 떠나가지 않고 오히려 더 역사한다면 스스로 점검해 보아야 합니다.

또한 축사 기도를 받아 치유가 일어나고 귀신이 떠나간 사람도 더욱 경계해야 합니다. 축사를 하기 전보다 오히려 축사 이후가 더 중요할 수 있습니다. 떠나간 악한 영들이 다시 들어오지 못하도록 막아야 합니다. 완전한 승리를 위해, 완전한 치유를 위해 자신을 점

●

28 기도가 바뀌면 영적전쟁에서 반드시 승리합니다.
　　1) 내 뜻을 관철시키는 기도 → 하나님의 뜻을 구하는 기도
　　2) 내 중심의 기도 → 하나님 중심의 기도
　　3) 응답만 구하는 기도 → 하나님의 마음을 구하는 기도
　　4) 문제만 말하는 기도 → 해결의 자리로 나아가는 기도
　　5) 즉흥적인 기도 → 지속적인 기도
　　6) 혼자의 기도 → 연합과 중보의 기도

검해 보아야 합니다.

첫째, 혀의 권세가 지금 누구에게 속해 있는지를 점검해야 합니다. 축사 이후 가장 먼저 점검해야 할 것은 우리의 혀입니다. 성경은 혀에 대해 경고합니다.

"혀는 능히 길들일 사람이 없나니… 한 입에서 찬송과 저주가 나오는도다"(약 3:8-10)

만약 하나님을 찬양하면서도 동시에 사람을 저주하고 있다면 우리의 혀는 하나님의 권세 아래에 있다고 말할 수 없습니다. 축사가 끝난 이후, 말과 생각을 다스리지 못한 분들이 오히려 더 강력한 영적 공격을 받는 모습을 여러 차례 보아 왔습니다.

일상의 말과 생각 속에서 우리의 혀의 주인이 누구인가가 분명히 드러나게 됩니다. 그래서 축사를 받은 분들에게 집으로 돌아가서도 "하나님, 감사합니다"를 수없이 고백하라고 권면합니다. 혀의 권세가 하나님께 속하게 될 때, 떠나갔던 어둠은 다시 들어올 수 없기 때문입니다. 다시 공격할 수 있는 틈을 찾지 못합니다.

둘째, 믿음과 기도의 파워가 유지되고 있는지를 살펴보아야 합니다. 기도 없는 능력은 오래 지속되지 못합니다. 축사의 순간에는 떠난 것처럼 보였던 악한 영이, 기도와 믿음이 없는 삶을 살고 있다면 그 집이 비었음을 알고 기회를 엿보며 돌아오는 경우도 적지 않기 때문입니다. 반대로, 하나님께 온전히 의지하며 기도의 자리를 지키는 사람에게서는 악한 영이 다시 들어올 엄두조차 내지 못합니다.

셋째, 악한 영의 정체를 분별하고 있는가 입니다.

악한 영은 단순히 "나가라"는 명령만으로 떠나지 않을 수도 있습니다. 예수님께서도 거라사 지방의 광인을 대면하실 때 귀신에게 이렇게 물으셨습니다.

"네 이름이 무엇이냐?"(막 5:9)

"내 이름은 군대니 우리가 많음이니이다"(막 5:9)

영적인 것은 영적으로 분별 됩니다. 영적으로 깨어 있을수록 분별의 능력은 더욱 예리해지며, 악한 영의 존재뿐만 아니라 역사하는 방식과 성향까지도 알게 됩니다. 지식의 말씀의 은사를 통해 성령께서 알려 주기도 하시지만, 그 사람에게 나타나는 반복적인 증상과 패턴을 통해서도 충분히 분별할 수 있습니다.

예를 들어 수시로 자살 충동이 올라와 견딜 수 없다면 자살의 영의 역사일 수 있습니다. 어떠한 중독에 묶여 자신의 의지로는 도저히 끊어내지 못하고 있다면 중독의 영일 가능성을 살펴보아야 합니다.

알코올 중독, 마약 중독, 음란 중독, 쇼핑 중독, 게임 중독, 미디어 중독 등….

다양하게 나타나는 중독의 현상에 따라 악한 영의 이름을 명명할 수 있습니다. 악한 영은 자신의 이름이 정확하게 불려 졌을 때 숨을 수가 없습니다. 이미 정체가 탄로 났기 때문입니다. 정체가 분별이 되지 않은 상태에서의 명령은, 근본적인 해결에 이르지 못할 수도 있습니다. 적을 알고 나를 알면 백 번 싸워도 위태롭지 않다는 말처럼, 정체를 분별하는 순간 영적전쟁의 승패의 판도는 역전됩니다.

만약 그 사람 안에 분노의 영이 역사한다고 분별된다면 이렇게 명령해 보십시오.

"내가 나사렛 예수 이름으로 명하노니 이 사람 안에서 역사하는 분노의 영은 정체를 밝힐지어다! 기침하며 정체를 드러낼지어다!"

악한 영이 가진 권세보다 우리가 가진 성령의 충만함이 더 크다면 분명 정체를 드러낼 것입니다. 우리가 명령한 그대로 기침하며 자신의 존재를 나타내기도 할 것입니다. 과녁을 정확히 맞힌 것입니다. 그때 더 강하고 담대함으로 대적하십시오. 결국 영적 권세에 밀린 악한 영은 떠나갈 수밖에 없습니다.

넷째, 영적으로 비어 있는 집을 하나님의 영으로 채우고 있는지를 살펴보아야 합니다. 예수님께서는 매우 두려운 경고를 남기셨습니다.

"더러운 귀신이 사람에게서 나갔을 때에… 그 집이 비고 청소되고 수리되었거늘… 저보다 더 악한 귀신 일곱을 데리고 들어가 거하니 그 사람의 나중 형편이 전보다 더욱 심하게 되느니라”(마 12:43-45)

악한 영이 떠났다는 사실 자체만으로는 안전을 보장하지 않습니다. 비어진 그 자리에 무엇으로 채웠느냐가 더 중요합니다. 말씀과 기도로 채워지지 않은 마음은 ‘청소는 되었으나 비어 있는 집’과 같아, 오히려 더 강력한 공격의 표적이 될 수 있습니다. 더 악한 일곱 마리 귀신을 데리고 다시 쳐들어올 수 있습니다.

마지막으로, 하나님께 온전히 복종하는 삶을 살고 있는가 입니다. 영적전쟁의 원리는 분명합니다.

“그런즉 너희는 하나님께 복종할지어다 마귀를 대적하라 그리하면 너희를 피하리라”(약 4:7)

나 역시도 마음 깊은 곳에서부터 우러나오는 완전한 복종 없이 명령했던 적이 있습니다. 그때 악한 영은 쉽게 떠나가지 않았습니다. 오히려 다시 들어오려는 시도까지 경험했습니다. 그러나 하나님께 복종하고, 말씀과 성령의 충만함으로 재정비했을 때는 사역의 차원이 달라졌습니다. 예수님의 이름으로 명령할 때 악한 영들의 묶음이 풀어지며 역사가 일어났습니다.

“네가 하나님은 한 분이신 줄을 믿느냐 잘하는도다 귀신들도 믿고 떠느니라”(약 2:19)

축사 이후, 우리가 집중해야 할 대상은 사탄이 아닙니다. 하나님입니다. 축사를 경험한 이후, 모든 일을 사탄의 역사로만 해석하게 된다면 오히려 영적으로 위험해질 수 있습니다. 두려움이 자리 잡을 수 있습니다. 그러나 반대로, 악한 영조차도 하나님을 두려워한다는 사실과 우리가 하나님의 자녀라는 정체성을 분명히 붙들 때, 영의세계에서는 돌파가 일어납니다.

물론 사탄의 세력을 가볍게 여겨서는 안 됩니다. 그들에게도 악의 권세가 있기 때문입니다. 그러나 우리가 하나님의 자녀로서 영적 '구멍'을 만들지 않는다면, 굳이 사탄을 의식하고 살아갈 필요는 없습니다. 방충망에 구멍이 없다면 벌레가 들어오지 못하듯, 거룩함을 지키는 삶은 가장 강력한 방어 무기이기 때문입니다.

축사 이후의 전쟁이 진짜 전쟁입니다. 축사 자체가 목적이 되어서는 안 됩니다. 귀신이 떠나갔다면 다시 들어오지 못하게 하는 것이 진정한 승리입니다. 비워냈다면 하나님으로 채우는 것이 목표가 되어야 합니다.

말씀과 기도로 채워진 삶, 하나님께 복종하는 삶, 믿음으로 깨어 있는 삶이 없다면 축사 이후에 다시 펼쳐지는 전쟁에서 승리할 수 없습니다. 반대로, 하나님의 성령으로 빈자리를 채운다면 악한 영들은 더 이상 죄의 틈새를 찾지 못할 것입니다.

기억하십시오. 영적전쟁은 축사 한 번으로 끝나지 않습니다. 그 싸움은 오늘도, 지금 이 순간에도 계속되고 있습니다. 깨어 있는 자, 믿음을 굳게 붙든 자만이 그 전쟁에서 끝까지 서 있을 수 있습니다.

"말 못하고 못 듣는 귀신아 내가 네게 명하노니 그 아이에게서 나오고 다시 들어가지 말라"(막 9:25)

영적 분별, 보이지 않는 세계를 보는 영의 오감

사역의 현장에서 수없이 경험하며 깨달은 한 가지가 있습니다. 바로 영적전쟁에서 가장 중요한 것은 능력이 아니라 분별이라는 것입니다. 예수님께서도 사역의 현장에서 분별의 기준을 몸소 보여 주셨습니다. 예수의 이름으로 귀신을 쫓아내고 선지자 노릇을 하던 자일지라도, 그 영의 출처와 맺어진 열매가 하나님께 속하지 않았기에 단호히 책망하셨습니다.

"내가 너희를 도무지 알지 못하니 불법을 행하는 자들아 내게서 떠나가라"(마 7:23)

그들은 겉으로는 주의 일을 하는 것처럼 보였으나, 실상은 자기 의와 욕심을 따라 움직이던 사람들이었습니다. 성령의 인도하심 속에서 나온 능력이 아니라, 하나님과 상관없는 또 다른 영적 통로를 통해 얻은 힘을 사용하고 있었던 것입니다.

아무리 능력과 표적이 나타난다 할지라도 그 사람에게 나타나는 능력의 근원이 어디로부터 온 것인지를 분별해야 합니다. 눈에 보이는 것으로만 판단한다면 속을 수 있기 때문입니다. 능력과 기적과 표적을 나타내고 있는 자기 자신도 속을 수 있다는 것을 명심해야 합니다.

영적인 분별은 다른 사람을 판단하기 이전에, 먼저 자기 자신의 영적 상태를 분별하는 것부터 훈련되어야 합니다. 영의세계에서 일어나는 일들을 영적으로 분별하지 못한다면, 쉽게 혼란에 빠지고, 심지어 영적전쟁에서 치명적인 낭패를 볼 수도 있습니다. 어둠은 지금도 호시탐탐 삼킬 자를 찾고 있습니다. 이제 분별은 선택이 아니라 반드시 갖추어야 할 영적무기입니다. 특히 마지막 때가 가까워져 올수록 분별의 능력은 더욱 중요해집니다.

"마귀가 자기의 때가 얼마 남지 않은 줄을 알므로 크게 분내어 너희에게 내려갔음이라"(계 12:12)

마지막 때로 갈수록 하늘과 땅의 전쟁은 더욱 치열해질 것입니다. 이 세상의 신이 되어 버린 사탄은 더욱 간교한 계략으로 교회와 성도들을 넘어뜨리려 할 것입니다. 눈에 보이는 세상만을 기준 삼아 살아간다면, 우리는 영적인 방향 감각을 잃고 결국 신앙의 본질마저 흩어질 수 있습니다. 이 마지막 시대에 하나님께서는 영의세계 그 안에서 영적전쟁을 감당할 하나님의 용사들을 긴박하게 부르고 계십니다. 이러한 사명을 감당할 추수할 교회들을 세우시고 계십니다.

그렇다면 하나님께서는 하나님의 용사를 어떻게 훈련하시고 준비시키실까요? 바로 영적인 분별, 그리고 보이지 않는 세계를 감지하도록 우리 안에 잠재된 '영의 오감'을 활성화시키는 것입니다.

"사랑하는 자들아, 영을 다 믿지 말고 오직 영들이 하나님께 속하였나 분별하라"(요일 4:1)

마지막 때로 접어들수록 미혹의 영과 거짓 영들은 더욱 교묘해집니다. 겉으로는 선해 보이고, 능력이 나타나는 것처럼 보이지만, 그 결과가 하나님께로 인도하지 않는다면 그것은 결코 가볍게 넘길 문제가 아닙니다. 분별하지 못한다면, 그동안의 많은 영적전쟁의 경험과 체험들이 오히려 독이 되어 돌아올 수 있습니다.

영적인 일들을 분별하는 구체적인 방법

영적세계는 인간의 지혜나 지식, 경험이나 감각만으로는 분별할 수 없습니다.

"우리가 이것을 말하거니와 사람의 지혜가 가르친 말로 아니하고 오직 성령께서 가르치신 것으로 하니 영적인 일은 영적인 것으로 분별하느니라"(고전 2:13)

영적세계를 분별하게 하시는 분은 성령님이십니다. 사람은 분별의 주체가 아니라 통로일 뿐이며, 분별의 주권은 처음부터 끝까지 전적으로 성령님께 있습니다.

영적인 일들을 분별하는 구체적인 방법은 다음과 같습니다.

첫째, 성경 말씀을 통해 분별합니다. 하나님의 말씀은 영적세계를 판단하는 가장 객관적이며 절대 변하지 않는 기준입니다.

둘째, 기도를 통해 분별합니다. 기도는 영의 감각을 깨우고, 성령의 음성에 민감하게 합니다.

셋째, 영적 체험과 영적 감각을 통해 분별합니다. 실제 영적 전투 속에서 분별력은 단련되고 성숙해집니다.

넷째, 성숙한 믿음의 사람들을 통해 분별합니다. 하나님은 분별이 왜곡되지 않도록 믿음의 사람들을 통해 보호하시고 중보하시도록 이끌어 주십니다.

다섯째, 맺어지는 열매와 결과를 통해 분별합니다. 성령의 역사는 반드시 생명의 열매를 맺습니다. 결과가 아름답습니다.

여섯째, 성령께서 주시는 내적 평안을 통해 분별합니다. 성령의 인도하심에는 불안과 혼란이 아니라 깊은 평안이 동반됩니다.

일곱째, 성령께서 주신 은사를 통해 분별합니다. 영분별의 은사를 통해 영적인 것을 분별합니다.

마지막으로, 활성화된 영의 오감을 통해 분별합니다. 영의 오감을 영의 눈, 영의 귀, 영적 분별, 영적 냄새, 혀의 권세로 표현할 수 있습니다.

무엇보다 마지막 때에는 영의 오감을 통한 분별 능력을 강화해야 합니다. 보이는 세계에서는 혼과 육의 오감(시각, 청각, 촉각, 후각, 미각)을 통해 보고, 듣고, 느끼고, 판단하며 살아갑니다.

그러나 영의세계는 완전히 다릅니다. 영의세계는 혼과 육의 오감으로는 결코 분별할 수 없습니다. 영의 오감이 활성화될 때에 비로소 영적전쟁을 수행할 수 있습니다.[29]

육의 감각이 예민하다고 해서 영적 분별력이 깊은 것은 아닙니다. 오히려 혼과 육이 잠잠해질 때 우리의 영은 깨어납니다. 욥기 33장에 하나님께서 꿈과 환상, 잠잠한 순간을 통해 사람의 귀를 여시고 교만을 막으신다고 기록되어 있습니다(욥 33:14-17). 영의 오감은 세상의 소음 속에서가 아니라 하나님 앞에서의 잠잠함 속에서 더욱 활짝 열립니다.

●

29 영의 오감(영감) VS 혼과 육의 오감(감각)
　　1) 시각 (보는 영역 : 영의 눈 VS 육의 눈)
　　2) 청각 (듣는 영역 : 영의 귀 VS 육의 귀)
　　3) 촉각 (느끼는 영역 : 영적 분별 VS 육적 분별)
　　4) 후각 (냄새로 분별하는 영역 : 영의 향기 VS 육의 냄새)
　　5) 미각 (말하는 영역 : 성령의 말씀 VS 사탄의 말)

사도 바울은 영의 오감을 통해 성령님과 깊이 소통했던 대표적인 인물입니다. 다메섹 도상에서 그는 육의 눈은 닫혔지만, 영의 귀가 열려 예수님의 음성을 들었습니다. 그 이후 바울은 환상과 계시, 성령의 인도하심 속에서 사역했고, 두려움 없이 복음을 선포하는 권능의 종이 되었습니다. 영의 귀가 열리고, 영의 눈이 열리고, 영의 입이 열리자 그는 더는 침묵할 수 없었던 것입니다. 이것이 영의 오감이 열린 사람의 공통된 특징입니다.

베드로도 마찬가지입니다. 베드로는 성령이 내주하시기 전에는 혼과 육의 오감이 강했던 사람이었습니다. 눈에 보이는 대로 판단하고, 말하고 싶은 대로 말하며, 듣고 싶은 말만 듣기를 원했던 사람이었습니다. 그러나 성령이 내주하시고 충만해지자 그는 완전히 다른 사람이 되었습니다. 성령께서 말하게 하심에 따라 말하며, 성령께서 보여 주시는 환상을 통해 보며, 예수님의 이름으로 손을 얹을 때 많은 영혼들이 치유를 받았습니다. 보고, 듣고, 느끼고, 만지는 모든 영역이 영의세계로 전환되어 영적전쟁을 수행하게 된 것입니다.

기억해야 할 것은 영의 오감은 한 번 열렸다고 자동으로 유지되지는 않는다는 것입니다. 훈련과 순종이 멈추는 순간, 혼과 육이 다시 주도권을 잡습니다. 보고 싶은 것을 보고, 말하고 싶은 것을 말하며, 느끼고 싶은 대로 반응하려는 옛 본성이 다시 고개를 듭니다.

그렇다면 어떻게 살아갈 때 영의 오감이 열리고 분별의 능력이 강화될 수 있을까요?[30] 바로 말씀대로 살아가는 것입니다.

> "항상 기뻐하라 쉬지 말고 기도하라 범사에 감사하라… 평강의 하나님이 친히 너희를 온전히 거룩하게 하시고 또 너희의 온 영과 혼과 몸이 우리 주 예수 그리스도께서 강림하실 때에 흠 없게 보전되기를 원하노라"(살전 5:16-23)

모든 사람의 영의 오감은 같은 방식으로 열리지는 않습니다. 어떤 이는 보는 영역이, 어떤 이는 듣는 영역이, 어떤 이는 통찰과 분별의 영역이 먼저 열립니다. 중요한 것은 비교가 아니라 순종입니다. 조급함은 분별을 흐리게 하지만, 겸손은 분별을 더욱 깊게 합니다.

이제 하나님이 주도하시는 마지막 때의 영적전쟁이 시작되었습니다. 마태복음 24장에 기록된 마지막 때의 징조들이 나타나고 재

---

30 영의 오감을 강화하고 활성화시키는 구체적인 영성훈련
　1) 보고 만지고 느끼는 영역을 제한하는 훈련 (눅 6:45)
　2) 마음을 지키는 훈련 (잠 4:23)
　3) 혀를 길들이고 다스리는 훈련 (약 3:8)
　4) 방언으로 기도하는 훈련 (고전 14:2)
　5) 악한 영들을 대적하는 훈련 (약 4:7)
　6) 혈과 육을 복종시키는 훈련 (엡 6:12, 히 12:4)
　7) 거룩과 경건의 삶을 사는 훈련 (벧전 1:16)

난이 시작될 때, 하나님께서는 "이제 시작이라" 선포하실 것입니다. 그리고 하나님은 준비된 자에게 기름을 부으실 것입니다.

영의 오감이 열리고, 말씀과 성령으로 무장된 사람, 능력이 아니라 하나님 안에서의 정체성으로 서 있는 사람, 성령의 통치가 삶의 중심이 된 사람, 자신은 죽고 오직 예수님으로 사는 그 한 사람….

하나님께서 애타게 찾으시는 그 사람이 바로 당신입니다.

"이에 제자들에게 이르시되 추수할 것은 많되 일꾼이 적으니 그러므로 추수하는 주인에게 청하여 추수할 일꾼들을 보내 주소서 하라 하시니라"(마 9:37-38)

승리하는 하나님의 용사
(영적 세계를 정복하라)

"여호와의 사자가 기드온에게 나타나 이르되
큰 용사여 여호와께서 너와 함께 계시도다"
(삿 6:12)

PART 4 승리하는 하나님의 용사 (영적세계를 정복하라)

우리는 마지막 때를 살아가고 있습니다. 예수 그리스도께서 다시 오실 날이 가까워지고 있습니다. 이 시대에 하나님께서는 하나님의 군대, 하나님의 용사들을 세우고 계십니다.

그렇다면 하나님의 용사란 어떤 사람들일까요?

단순히 믿음만 있는 사람일까요?

교회에서 헌신하고 충성하는 사람일까요?

아닙니다. 하나님의 용사는 영적세계에서 싸우며 승리하는 자, 성령님과 함께 권세와 능력을 체험하는 자입니다.

영적전쟁에서 승리하는 것은 절대 쉽지 않습니다. 때로는 패배할 수 있고, 악한 영들이 놓은 지뢰밭에 빠져 무너져 내릴 수도 있습니다. 마음이 상하고, 혼돈 속에 휩쓸릴 때도 있을 것입니다. 하지만 하나님은 결코 포기하지 않으십니다. 넘어지고 쓰러져도 다시 일어나 빛을 발하게 하시며 결국 하나님을 증언하는 자로 세우실 것입니다.

하나님의 용사가 되기 위해 특별한 재능이나 완벽한 신앙은 필요하지 않습니다. 가장 중요한 것은 성령님께 훈련받고, 순종하며 한 걸음씩 나아가겠다는 결단입니다. 성령님과 동행하며 성장할 때, 하나님은 그 한 사람을 용사로 세우실 것입니다.

하나님의 부르심 앞에 한 발을 내딛으십시오.

영의세계, 그 안에서 펼쳐질 영적전쟁이 기다리고 있습니다.

지식으로만 알던 세계가 눈앞에서 펼쳐지고 돌파가 일어날 것입니다.

준비되셨습니까?

성령님과 함께 영적전쟁에 참전하는 순간,

진정한 승리와 권세가 우리 안에서 펼쳐질 것입니다.

마지막 때, 하나님의 용사로 서라

"보라 어둠이 땅을 덮을 것이며 캄캄함이 만민을 가리려니와 오직 여호와께서 네 위에 임하실 것이며 그의 영광이 네 위에 나타나리니"(사 60:2)

이 어둠의 세대 한가운데서 하나님께서는 빛을 발하는 하나님의 군대를 부르고 계십니다. 지금 이 순간에도, 하나님의 군사를 모집하는 나팔 소리가 울려 퍼지고 있습니다. 하나님은 애타게 한 사람을 찾고 계십니다.

"하나님의 군대여, 나의 용사들이여, 어디 있느냐?"

하나님의 군대는 전쟁의 현장에서 성령의 인도하심을 따라 함께 싸우는 사람들입니다. 성령님과 함께 전쟁을 수행하며 권세와 능력을 경험하는 사람을 용사라 부르십니다.

다만, 모든 용사가 같은 역할을 맡는 것은 아닙니다. 군대에도 육군, 해군, 공군이 있듯이 하나님의 군대에도 각자의 부르심과 직임이 있습니다. 하나님은 우리의 기질과 성향, 믿음의 분량에 따라 지혜롭게 부르십니다. 하나님의 용사는 결코 완벽한 사람이 아닙니다. 그러나 그들의 삶 속에는 분명한 영적인 특징이 있습니다.

첫째, 하나님과 깊이 연합한 사람입니다. 기도와 말씀의 기둥을 단단히 세우며, 성령님과 동행하여 전쟁터 한가운데를 뚫고 가는 사람입니다.

둘째, 영적전쟁의 현실을 직시하는 사람입니다. 눈에 보이는 문제 너머에 숨은 영적 실체를 인식하며, 전쟁의 본질이 사탄과 악한 영들과의 싸움임을 분명히 알고 있습니다.

셋째, 실패 속에서도 다시 일어나는 사람입니다. 넘어질 수는 있으나, 무너진 자리에서 그대로 머물러 있지 않습니다. 하나님을 의지하며 다시 일어섭니다. 하나님은 그러한 사람을 결코 버리지 않으십니다. 하나님의 용사로 쓰임 받았던 사도 바울 역시 "내가 약한 그때에 곧 강함이라"고 고백했습니다 (고후 12:10).

하나님의 용사의 조건은 특별하지 않습니다. 넘어지고 쓰러질지라도, 하나님 때문에 다시 일어나는 믿음의 용기에 있습니다.

이 마지막 시대에 하나님께서는 다양한 형태의 용사들을 세우고 계십니다. 겉으로는 흩어져 있는 것처럼 보일지라도, 지금 누군가는 골방에서, 누군가는 광야에서 성령께서 친히 훈련하고 계십니다. 바알에게 무릎 꿇지 않은 칠천 명을 숨겨 두셨던 것처럼, 지금 하나님의 군대 역시 성령님의 전략 안에서 치밀하게 세워져 가고 있습니다.[1] 이 모든 과정은 하나님께서 친히 기름 부으시고 준비하시는 일입니다.

첫째, 아브라함의 중보의 군대입니다.

기도로 하나님의 뜻을 세우는 군대입니다(창 18:23-32). 하나님과 사람 사이, 하나님과 땅 사이에 서서 중보하며, 눈에 잘 띄지 않지만 보이지 않는 세계에서 전쟁의 흐름과 방향을 바꾸는 중보의 군

---

1 하나님의 군대의 5가지 종류
  1) 아브라함의 중보의 군대 (창 18:16–33) (공군)
  2) 다윗의 영적 용사의 군대 (삼상 17:45–47) (해병대)
  3) 여호수아의 점령의 군대 (수 5:13–15) (육군)
  4) 요엘의 거룩한 신부의 군대 (욜 2:28–30) (해군)
  5) 성령님의 통치 안에 있는 군대 (행 13:2–3) (용병, 특수부대)

대입니다. [2]

둘째, 요엘의 거룩한 신부의 군대입니다. 성령의 기름부음 가운데 하나님의 음성을 듣고 분별하는 군대입니다. 예언하고, 꿈을 꾸며, 환상을 보고, 거룩함으로 자신을 지키며, 영적전쟁을 준비하는 군대입니다.

셋째, 다윗의 군대입니다. 영적 전투의 최전선에 서는 군대입니다(삼상 17:45-47). 예수 이름의 권세를 알고, 사탄을 향한 거룩한 분노로 담대히 맞섭니다. 이들은 믿음으로 외쳐 선포합니다.

"이 전쟁은 여호와께 속한 것이라!"

이들은 예수 이름을 선포하며 나아갈 때 악의 세력들이 무너집니다. 강력한 영적 권세를 가진 군대입니다.

넷째, 여호수아의 점령의 군대입니다. 직접 현장에 투입되어 복음을 전하며 하나님의 나라를 세워나가는 군대입니다(수 1:6-9). 약속하신 땅을 밟으며 하나님의 나라로 점령해 나갑니다.

마지막으로, 성령님의 용병, 성령님의 특수부대입니다. 성령님의 음성을 듣고 지시에 따라 움직이며, 필요한 전쟁터마다 파송되

---

2 중보기도의 종류와 단계별 기도 내용
　1단계 : 어떠한 대상과 하나님 중간에서 중보
　2단계 : 어떠한 대상과 사탄 중간에서 중보
　3단계 : 어떠한 심판의 대상과 하나님 중간에서 중보
　4단계 : 어떠한 심판의 땅과 하나님 중간에서 중보

는 군대입니다(행 13:2-3). 영적으로 민감하며 무엇보다도 분별력이 탁월합니다. 사도 바울처럼 곳곳을 다니며 성령의 역사를 일으키며 전략적이고 유연하게 하나님 나라를 확장해 나갑니다.

다윗은 마지막 때 하나님의 용사의 모습을 가장 정확하게 보여 주는 인물입니다. 골리앗과의 전투에서 그는 사람과의 싸움이 아닌, 하나님이 이끄시는 전쟁을 수행했습니다.

"너는 칼과 창과 단창으로 내게 나아 오거니와 나는 만군의 여호와의 이름 곧 네가 모욕하는 이스라엘 군대의 하나님의 이름으로 네게 나아가노라"(삼상 17:45)

그에게는 분명한 영적 통찰이 있었습니다. 전쟁의 대상이 사람이 아니라 사탄과 악한 영들이라는 사실을 알고 있었습니다. 전쟁을 주도하시는 주체가 하나님이심을 굳게 믿었습니다. 또한 그는 만군의 여호와의 이름, 곧 예수 이름의 권세를 사용했으며, 하나님의 군대를 모욕하는 악한 세력 앞에서 거룩한 분노를 숨기지 않았습니다. 무엇보다도 그는 전쟁의 승리를 이미 확신하고 있었습니다. 이 전쟁이 여호와의 전쟁임을 알고 있었기 때문입니다.

"전쟁은 여호와께 속한 것인즉 그가 너희를 우리 손에 넘기시리라"(삼상 17:47)

그렇다면 과연 우리도 하나님의 용사로 부르심을 받은 사람일까요?

사실 하나님의 용사는 어느 날 갑자기 특별한 존재로 등장하지 않습니다. 이미 삶의 자리에서 성령께서 용사로 빚어 가시며 친히 훈련하고 계신 경우가 더 많습니다. 이유를 알지 못한 채 골방에서, 혹은 광야에서 연단을 받고 있을 수도 있습니다.

그러나 다음 질문 앞에서 "아, 나구나"라는 믿음이 올라온다면, 이미 하나님의 용사의 부르심 안에 있습니다.[3]

지금 예수 이름의 권세를 삶 속에서 실제로 사용하고 있습니까?

지금 벌어지고 있는 일들이 단순한 환경의 문제가 아니라 영적 전쟁임을 인식하고 있습니까?

우리의 싸움이 악한 영들을 상대하는 전쟁임을 알고, 분별하며 대적하고 있습니까?

이 전쟁의 주인이 여호와이심을 믿고 있습니까?

모든 결과를 하나님께 맡기며 나아가고 있습니까?

하나님의 이름이 능욕당할 때 거룩한 분노가 내 안에 일어나고

3　마지막 때 하나님의 용사로 쓰임 받는 사람의 몇 가지 특징들
　　1) 예수 이름의 권세를 사용하고 있는 시람 (막 16:17-18)
　　2) 영적전쟁이 무엇인지를 깨닫고 있는 사람 (엡 6:12)
　　3) 악한 영들을 상대하는 전쟁인 것을 알고 있는 사람 (엡 6:12)
　　4) 여호와의 전쟁임을 깨닫고 있는 사람 (삼상 17:47)
　　5) 사탄을 향한 거룩한 분노를 가지고 있는 사람 (삼상 17:26)
　　6) 전쟁의 승리에 대한 믿음이 있는 사람 (약 4:7)

있습니까?

무엇보다도 전쟁의 승리를 믿음으로 바라보고 있습니까?

그렇다면 이미 하나님의 용사의 부르심 안에 있는 사람들입니다. 아직 모든 것이 분명하지 않아도 괜찮습니다.

"하나님 내가 여기 있나이다, 하나님의 용사로 나를 써주소서!"

하나님의 부르심에 아멘으로 응답하면 됩니다. 우리는 이미 부름 받은 하나님의 용사입니다. 지금 서 있는 그 자리가 곧 우리가 싸워야 할 전쟁터입니다. 그리고 바로 그 자리에서의 한 걸음의 순종이 영적세계에서 하나님의 나라를 확장하는 단단한 초석이 될 것입니다.

"너는 그리스도 예수의 좋은 병사로 나와 함께 고난을 받으라"(딤후 2:3)

하나님의 용사의 파워 — 권세가 능력으로 나타날 때

많은 그리스도인들이 비슷한 의문을 품고 살아갑니다.

"정말 나에게도 영적인 힘이 있을까?"

"성경이 말하는 권세와 능력은 특별한 사역자들에게만 해당되는 이야기가 아닐까?"

성경에는 하나님께서 이미 그분의 자녀들에게 권세를 주셨다고 기록되어 있습니다. 이 권세는 이 땅에서 하나님의 자녀로 살아갈 때 누리며 사용하도록 주신 아버지의 선물입니다.

"영접하는 자 곧 그 이름을 믿는 자들에게는 하나님의 자녀가 되는 권세를 주셨으니"(요 1:12)

문제는 우리가 권세를 받지 못했기 때문이 아닙니다. 이미 받은 권세를 사용하지 않은 채 살아가고 있다는 것입니다. 우리에게 어떤 권세가 주어졌는지조차 인식하지 못하는 것이 더 본질적인 문제라 할 수 있습니다.

예수님을 진정으로 영접한 사람은 하나님의 자녀가 되는 권세를 받습니다(요 1:12). 이 권세는 성령님께서 우리의 영 안에 내주하시며 주시는 축복의 권세입니다. 이 권세는 상황이나 감정에 따라 흔들리는 성질의 것이 아닙니다. 갑자기 생겼다가 사라지는 것도 아닙니다.

로마서 8장 16절에 '성령이 친히 우리의 영과 더불어 우리가 하나님의 자녀인 것을 증언하신다'고 기록되어 있습니다. 다시 말해, 하나님의 자녀라는 정체성은 이미 영적세계에서 법적 효력을 지니는 권세라는 뜻입니다. 이는 이 세상의 어떤 지위나 조건과도 비교할 수 없는 놀라운 권세입니다.

그럼에도 대부분의 경우 하나님의 자녀의 권세를 마치 장롱 속에 넣어 둔 면허증처럼 방치한 채 살아갑니다. 면허는 가지고 있으나 운전하지 않는 사람처럼, 권세가 있지만 사용하고 있지 않다는 것입니다.

우리는 신앙생활 속에서 '권세', '능력', '권능'이라는 단어를 자주 접합니다.[4] 하지만 이 세 단어가 지닌 영적 깊이와 차이를 명확히 구분하는 사람은 많지 않습니다. 겉으로는 비슷해 보이지만, 이 개념들은 서로 다른 차원의 영적 권위를 가지고 있습니다.

첫째, 권세입니다.[5] 권세는 하나님께서 친히 자녀에게 부여하

●

신 신분의 권위입니다. 이는 성령이 내주한 자녀에게 주어진 합법적인 권리로서, 영적세계에서 사탄조차 부인할 수 없는 지위입니다. 하늘의 시민권입니다.

둘째, 능력입니다. 능력은 하나님께서 주신 권세가 실제로 사용될 때 나타나는 역사입니다. 특별히 예수님의 이름을 믿음으로 사용할 때, 귀신이 떠나가고 병든 자가 치유되며 표적이 나타나게 되는데 이러한 실제적인 현상이 바로 능력입니다.

셋째, 권능입니다. 권능은 권세와 능력이 지속해서 나타나는 사람에게 성령께서 더 깊은 차원으로 부어 주시는 하나님의 강력한 임재와 영향력입니다. 권능에는 내적 권능과 외적 권능이 있습니다. 내적 권능은 성령의 아홉 가지 열매로 나타나며, 외적 권능은 성령의 아홉 가지 은사로 나타납니다.

정리하자면 이렇습니다. 성령이 내주하시는 순간, 우리는 하나님의 자녀로서의 권세를 받습니다. 그리고 예수님의 이름으로 선포할 때, 그 권세는 능력으로 성장됩니다. 이 권세를 반복적으로 사용하다 보면 믿는 자에게 따르는 표적들이 실제 삶 속에서 나타나기 시작합니다. 이러한 능력이 축적되고 강화될 때, 마침내 권능의 차원으로 돌파가 일어납니다. 사도 바울이 바로 하나님이 주신 권능을 소유했던 대표적인 인물입니다.

그렇다면 권세가 능력으로 전환되는 결정적인 순간은 언제일까요?

바로 예수님의 이름을 믿음으로 사용하기 시작할 때부터입니다.

예수님께서는 "너희가 내 이름으로 무엇을 구하든지 내가 행하리라"라고 말씀하셨습니다(요 14:13-14). 예수님의 이름은 단순히 기도를 마무리하기 위한 형식적인 단어가 아닙니다. 천하에 구원받을 유일한 이름이며, 구원의 권세, 기도의 권세, 영적전쟁의 권세가 담겨 있습니다(행 4:12, 요 16:23-24, 막 16:17-18).

예수님의 이름을 사용하기 시작할 때, 지금까지 보이지 않던 영의세계가 반응하기 시작합니다. 복음서를 보면, 악한 영들이 예수님을 보자마자 경련을 일으키며 땅에 엎드러지는 장면이 반복해서 등장합니다(막 9:20). 예수님께서 아무 말씀도 하지 않으셨는데도 말입니다.

이는 무엇을 의미할까요?

예수님의 임재 자체가 이미 권위요, 권세였다는 뜻입니다.

"귀신들도 믿고 떠느니라"(약 2:19)

지금 우리의 현실은 어떠할까요?

예수님의 이름으로 기도할 때, 실제로 능력이 나타나고 있을까요?

이 질문 앞에서 많은 사람들이 혼란을 경험합니다.

"예수님의 이름으로 매일 기도하고 있는데 왜 아무 일도 일어나지 않을까….”

성경은 이 질문에 대해서도 명확한 답을 제시합니다.

사도행전에는 스게와의 일곱 아들 이야기가 기록되어 있습니다. 그들은 예수님의 이름을 사용해 귀신을 쫓아내려 했지만, 쫓아내지 못했을 뿐 아니라 오히려 악한 영에게 해를 당했습니다. 그때 악한 영은 이렇게 말합니다.

“내가 예수도 알고 바울도 알거니와 너희는 누구냐”(행 19:15)

예수님의 이름에는 강력한 권세가 있습니다. 그러나 그 이름을 사용하는 사람의 영적 상태에 따라 능력으로 나타나지 않을 수도 있습니다. 성령님이 내주하신 하나님의 자녀가 믿음으로 예수님의 이름을 사용할 때 비로소 능력이 발현됩니다.

또한 능력이 나타난다 할지라도, 그 능력이 어디로부터 비롯된 것인지를 분별하는 일은 매우 중요합니다.

초창기 치유사역을 하던 시절의 일입니다. 한 기도원에서 집회를 인도하던 중, 어떤 여성분에게서 악한 영이 드러났습니다. 그분은 소리를 지르며 발작을 하기 시작했고, “안 나가! 안 나가!”를 외치며 집회를 심각하게 방해하고 있었습니다. 여러 사람이 제어했지만, 힘이 어찌나 센지 장정들이 속수무책으로 나가떨어질 정도였습니다. 당시 나는 축사사역의 경험이 거의 없었기에 순간적으로 두려움과 혼란에 빠졌습니다. 그때 성령님께서 세미한 음성으로 말씀하셨습니다.

"예수 그리스도의 권세로 대적하라"

나는 성령님의 인도하심에 따라 선포하기 시작했습니다.

"내가 예수 그리스도의 이름으로 명하노니, 저 사람 안에서 괴성을 지르며 집회를 훼방하는 악한 영은 잠잠할지어다!"

그 순간, 그렇게 난동을 부리던 악한 영이 즉시 잠잠해졌습니다. 그 능력은 결코 내게서 나온 것이 아니었습니다. 하나님의 자녀로서 예수님의 이름을 사용했을 때, 권세가 능력으로 나타난 것이었습니다.

여기서 매우 중요한 영적 원리를 발견하게 됩니다. 악한 영을 대적하는 능력은 어디에서 비롯되었는가 입니다. 예수님께서 십자가에서 사탄의 세력을 멸하셨기에 예수님의 이름 자체에 이미 권세가 있습니다. 여기에 더하여, 기도와 순종이 뒤따른다면 능력은 더욱 강력하게 나타납니다.

반대로, 믿음이 없고 기도가 결여된 상태에서는 그 능력이 제한될 수밖에 없습니다. 무엇보다도 성령님께서 통치하시는 상태에서 예수님의 이름을 선포할 때, 영적 능력은 확연히 다른 차원에서 나타납니다.

이처럼 권세가 능력으로 나타나기 시작하면 우리는 더는 방관자가 아닙니다. 영적전쟁에 실제로 참전한 용사가 됩니다. 기도가 달라지고, 선포가 달라지며, 분별력이 달라집니다. 그 순간부터 영적 전쟁은 개념이 아니라 현실이 됩니다.

또한 능력은 사용할수록 더욱 섬세해지고 강화됩니다. 예수님의 이름의 권세를 사용할 때, 믿는 자의 표적이 나타나며 많은 영혼을 살리는 통로로 쓰임 받게 됩니다. 하나님은 이렇게 권세를 사용하여 능력을 나타내는 사람에게 더 큰 사명을 맡기시며, 그들을 권능의 사람으로 빚어 가십니다.

지금 우리에게 필요한 것은 새로운 권세가 아닙니다. 이미 받은 권세를 사용하는 것입니다. 처음에는 아무 일도 일어나지 않는 것처럼 느껴질 수도 있습니다. 그러나 그 단 한 번의 순종이 영의세계로 들어가는 열쇠가 될 수 있습니다.

이제 영의세계로 들어가십시오.

하나님의 자녀의 권세를 사용하십시오. [6)]

예수님의 이름으로 기도하고, 악한 영을 대적하십시오.

그 막강한 권세 앞에서 어둠은 두려움으로 벌벌 떨며 도망칠 것

●

6 내게 있는 영적 권세를 강화시키는 방법
  1) 회개(죄, 우상숭배), 용서, 내적치유 등
  2) 기도(금식기도/부르짖는 기도/방언기도 등)
  3) 악한 영들을 대적하는 것(자가축사/축사사역 등)
  4) 내 안에서 성령님의 행하시는 일에 순종하는 삶

입니다.

그 권세가 이제 믿는 자의 표적으로, 더 구체적이고 실제적인 능력으로 나타날 것입니다.

> "믿는 자들에게는 이런 표적이 따르리니 곧 그들이 내 이름으로 귀신을 쫓아내며 새 방언을 말하며 뱀을 집어 올리며 무슨 독을 마실지라도 해를 받지 아니하며 병든 사람에게 손을 얹은즉 나으리라 하시더라"(막 16:17-18)

하나님의 용사의 파워 – 능력이 권능으로 나타날 때

앞에서 우리는 한 가지를 확인했습니다. 하나님의 자녀에게는 이미 권세가 주어졌고, 그 권세는 예수님의 이름을 통해 능력으로 나타난다는 것입니다. 그런데 영적전쟁을 조금이라도 경험해 본 사람이라면, 이 지점에서 한 가지 질문과 마주하게 됩니다.

"능력이 나타나는 순간은 분명히 있었는데, 왜 그것이 지속되지 않을까?"

"왜 어떤 사람은 능력이 나타났는데 변질되고, 어떤 사람은 끝까지 변질되지 않을까?"

우리는 영적전쟁을 이야기할 때 종종 '능력'이라는 단어에서 멈춥니다. 병이 낫고, 귀신이 떠나가고, 기적이 나타날 때 마치 신앙의 정점에 도달한 것처럼 숭배하기도 합니다.

그러나 성경은 능력보다 더 깊은 차원의 기름부음인 권능이 있음을 설명하고 있습니다. 능력이 돌파될 때, 비로소 우리는 권능의 차원으로 들어가게 됩니다.

사도행전 1장에는 예수님께서 승천하시기 직전, 제자들에게 남기신 마지막 말씀이 기록되어 있습니다.

"오직 성령이 너희에게 임하시면 너희가 권능을 받고 예루살렘과 온 유대와 사마리아와 땅 끝까지 이르러 내 증인이 되리라"(행 1:8)

예수님께서 말씀하신 권능은 단순히 기적을 행하는 힘이나 특별한 영적 체험을 의미하지 않습니다. 권능은 마지막 때를 살아가는 하나님의 자녀를 끝까지 견딜 수 있게 하는 하늘로부터 오는 능력입니다. 대 환란 속에서도 무너지지 않게 하는 힘이며, 끝까지 예수님의 증인으로 살아가게 하는 하나님의 파워입니다.

마지막 때가 가까워질수록 성도에게 필요한 것은 단순한 열심이나 지식이 아닙니다. 죄와 타협하지 않는 믿음, 거짓과 미혹을 분별할 수 있는 영적인 눈, 믿음을 끝까지 지켜낼 수 있는 견고함, 삶에서 복음을 증명하는 능력이 필요합니다.

이러한 능력이 없다면 마지막 때를 통과할 수 없습니다. 환란을 견뎌낼 수 없습니다. 세상과 타협해 버립니다. 맘몬의 영에게 경배할 수밖에 없습니다. 요한계시록 13장에 나오는 짐승의 표를 받을 수밖에 없습니다.

이러한 이유로 하나님의 때에 늦은비 성령을 부으시며, 하나님의 용사들에게 권능을 입히시겠다고 약속하신 것입니다. 이 늦은비 성령에 대해서는 다음 장에서 좀 더 깊이 다루게 될 것입니다.

마지막 때에 부어주시는 하나님의 권능은 크게 두 가지 범주로 나눌 수 있습니다. 하나는 내적 권능, 다른 하나는 외적 권능입니다.[7] 이 두 권능은 서로 분리된 개념이 아닙니다. 서로를 지탱하며 함께 작동하고, 함께 성장하며, 함께 균형을 이룹니다.

내적 권능 - 하나님의 성품으로 회복되는 능력

내적 권능은 성령의 아홉 가지 열매로 나타납니다.

---

7 내적 권능과 외적 권능을 받기 위한 삶의 방법
   1) 속사람을 세워 나가는 삶
   2) 육체의 소욕에 더 이상 끌려가지 않는 삶
   3) 소명과 사명을 향해 나아가는 삶
   4) 말씀과 기도로 하나님을 구하고 찾고 두드리는 삶
   5) 내 삶의 통치권을 성령님께 올려 드리는 삶

사랑, 희락, 화평, 오래 참음, 자비, 양선, 충성, 온유, 절제(갈 5:22-23)

이것은 단순히 성품이 좋아지는 변화가 아닙니다. 성령의 아홉 가지 열매는 하나님의 속성, 곧 하나님의 성품과 인격을 의미합니다.

하나님께서는 태초에 사람을 창조하실 때 하나님의 형상과 모양을 따라 지으셨고 이 땅을 다스릴 권세도 주셨습니다(창 1:26-28). 최초의 인간 아담은 하나님의 성품을 닮은 존재였습니다. 그러나 타락 이후, 사람 안에 있던 하나님의 형상은 심각하게 훼손되었습니다. 특히 성품과 인성의 영역에서 타락이 일어났습니다.

하나님의 형상으로 창조되었으나, 타락한 아담의 후예는 사람의 형상, 더 나아가 사탄의 속성을 드러내는 존재로 변질되었습니다.

우리가 지금 영적전쟁을 수행해야 하는 이유는 하나님 형상의 회복에 목적이 있습니다. 하나님의 성품과 속성을 닮은 자녀의 형상을 회복하는 것입니다. 마치 창세기에 하나님께서 아담을 창조하셨던 그 순간처럼 성령을 통해 회복을 이루어 가시는 것입니다.

우리는 마지막 때에 부어주시는 권능을 받아야 합니다. 그 시작은 내적 권능에서부터입니다. 성령의 아홉 가지 열매, 즉 하나님의 형상이 회복되는 전쟁이 지금도 우리 안에서 치열하게 벌어지고 있습니다.

사도 바울은 내적 권능을 회복하기 위한 전쟁을 이렇게 설명합니다.

"내 속사람으로는 하나님의 법을 즐거워하되 내 지체 속에서 한

다른 법이 내 마음의 법과 싸우는 것을 보는도다"(롬 7:22-23)

속사람과 겉사람의 영적전쟁에서 속사람의 다스림을 받기 시작할 때, 내적 권능은 점점 자리를 잡게 됩니다. 성화의 과정에서 성령의 열매가 맺히고, 하나님의 성품과 인격으로 변화되는 것입니다. 가장 먼저 내적 권능이 세워지지 않는다면, 외적으로 드러나는 능력은 절대로 안전하지 않습니다. 성품과 열매가 받쳐주지 않는 능력은, 결국 많은 사람을 무너뜨리는 도구로 사용될 위험이 있기 때문입니다.

외적 권능 - 하나님의 신성으로 나타나는 능력

외적 권능은 성령의 아홉 가지 은사로 나타납니다.

지혜의 말씀의 은사, 지식의 말씀의 은사, 믿음의 은사, 병 고치는 은사, 능력 행함의 은사, 예언의 은사, 영들 분별함의 은사, 방언의 은사, 방언 통역의 은사(고전 12:4-11)

이 은사들은 성령님께서 나누어 주신 사명의 도구입니다. 중요한 것은, 성령의 은사들이 결코 사람의 욕심이나 과시를 위해 주신 것이 아니라는 것입니다. 외적 권능은 사람의 왕국을 세우기 위해 주신 것이 아닙니다. 오직 하나님의 영광을 위해 주신 신성의 능력입니다. 하나님의 나라와 의를 이루기 위해 하나님께서 주시는 선물입니다.

내적 권능, 곧 하나님의 형상으로 회복된 그릇 위에 외적 권능이 부어질 때, 하나님의 나라는 확장됩니다. 거짓선지자가 난무할 때 하나님의 형상으로 회복된 참선지자가 일어날 것입니다. 삯꾼목자가 판을 칠 때, 내적 권능을 입은 선한목자가 생명을 걸고 양들을 지켜낼 것입니다.

지금 우리에게 필요한 것은 겉으로 드러나는 표적과 기적이 아닙니다. 하나님으로부터 오는 이 두 가지 권능입니다. 내적 권능과 외적 권능, 곧 성령의 열매와 성령의 은사가 함께 세워질 때 하나님의 나라는 확장되어 나갈 것입니다.

지금 하나님께서는 요한계시록의 전쟁을 앞두고, 창세기 1장에 등장했던 참된 하나님의 형상을 다시 빚어 가고 계십니다. 성령님은 오늘도 우리 안에 잠재된 권능을 깨우시며 하나님의 형상으로 복원하고 계십니다. 어느 날 갑자기 권능이 임하는 것처럼 보이지만, 실상은 준비된 그릇 위에 부어집니다.

가장 먼저 죄를 다스리십시오.[8]

---

8 우리 안에 잠재된 권능을 회복하기 위해 반드시 다스려야 할 5가지
   1) 죄의 다스림
      "내가 죄악 중에서 출생하였음이여 어머니가 죄 중에서 나를 잉태하였나이다"
      (시 51:5)
      "너희가 죄와 싸우되 아직 피 흘리기까지는 대항하지 아니하고"(히 12:4)

시간을 다스리십시오.

모든 지킬 만한 것 중에 마음을 지키십시오.

하나님과 재물을 겸하여 섬기지 마십시오.

혀를 성령님의 통치 아래 두십시오.

하나님은 하나님의 성품을 닮은 용사를 찾고 계십니다. 하나님의 형상으로 회복된 자녀를 찾고 계십니다. 하나님의 인성과 신성으로 복원된 자녀를 통해 이 땅을 다스리게 하실 것입니다. 요한계시록에 나오는 하늘과 땅의 전쟁을 수행하게 하실 것입니다.

이제 우리는 권능을 받아야 합니다. 그 권능은 우리 안에 잠재되어 있습니다. 지금은 성령시대입니다. 성령님께서 우리 안에서 애타게 말씀하고 계십니다.

●

2) 시간의 다스림
　"세월을 아끼라 때가 악하니라"(엡 5:16)
3) 마음의 다스림
　"모든 지킬 만한 것 중에 더욱 네 마음을 지키라 생명의 근원이 이에서 남이니라"(잠 4:23)
4) 재물의 다스림
　"한 사람이 두 주인을 섬기지 못할 것이니 혹 이를 미워하고 저를 사랑하거나 혹 이를 중히 여기고 저를 경히 여김이라 너희가 하나님과 재물을 겸하여 섬기지 못하느니라"(마 6:24)
5) 혀의 다스림
　"혀는 능히 길들일 사람이 없나니 쉬지 아니하는 악이요 죽이는 독이 가득한 것이라"(약 3:8)

"하나님의 자녀들이여, 권능을 받으라!"

"내가 너희에게 뱀과 전갈을 밟으며 원수의 모든 능력을 제어
할 권능을 주었으니 너희를 해칠 자가 결코 없으리라"(눅 10:19)

하늘과 땅의 전쟁 – 하나님의 용사, 하늘의 문을 열다

기도하는 한 사람이 사탄의 세력을 실제로 흔들 수 있습니다. 기도는 단순히 문제 해결을 요청하는 행위가 아닙니다. 기도는 하늘의 문을 여는 거룩한 믿음의 행보입니다.[9] 기도를 통해 하늘의 문이 열리면, 그 문을 통해 하나님의 군대가 움직이기 시작합니다. 천사들이 움직이기 시작합니다. 그리고 이 땅에서는 영적전쟁이 실제로 전개됩니다. 기도는 하늘과 땅을 연결하며, 영적전쟁의 방향과

[9] 기도가 돌파되고 하늘의 문이 열리는 기도의 특징
　1) 하나님 앞에서 겸비함으로 드리는 기도
　2) 하나님의 뜻과 일치된 기도
　3) 믿음으로 포기하지 않고 하는 기도
　4) 회개와 순종에서 나오는 정결한 기도
　5) 성령님이 친히 기도제목을 주시며 이끄시는 기도
　6) 성령 안에서 드려지는 기도

흐름을 바꾸는 하나님의 일하심의 도구입니다.

다니엘은 바벨론 제국 한복판에서 21일 동안 금식하며 기도했습니다. 그의 기도는 개인의 경건에 머물지 않았습니다. 그의 기도는 하늘에 상달 되었고, 동시에 영의세계에서 실제적인 전쟁을 촉발시켰습니다.

"다니엘아 두려워하지 말라 네가 깨달으려 하여 네 하나님 앞에 스스로 겸비하게 하기로 결심하던 첫날부터 네 말이 응답 받았으므로 내가 네 말로 말미암아 왔느니라"(단 10:12)

다니엘이 겸비함으로 무릎을 꿇는 순간, 하나님의 응답은 이미 결정되어 있었습니다. 그러나 다니엘의 기도가 영적세계를 흔들며 하나님의 뜻이 이루어질 것을 사탄이 알았기에, 그 기도를 가로막고 저항한 것입니다. 다니엘에게 소식을 전하러 온 천사는 이렇게 말합니다.

"바사 왕국의 군주가 이십일 일 동안 나를 막았으므로… 가장 높은 군주 중 하나인 미가엘이 와서 나를 도와주었음이라"(단 10:13)

다니엘의 기도가 지연된 것은 우연이 아니었습니다. 바사 왕국의 군주라 불리는 사탄의 권세가 의도적으로 가로막은 것이었습니다. 다니엘의 기도로 인해 하늘과 땅의 전쟁이 시작된 것입니다. 하나님께서는 이 전쟁에 미가엘 천사장을 보내서서 직접 개입하셨습니다(단 10:13-14).

기도는 이처럼 하늘의 군대를 움직입니다. 하나님의 용사는 기도를 통해 천사와 동역하며 영적전쟁터로 들어가게 됩니다.

놀랍게도 하나님은 우리가 기도할 때 성령님을 통해 하늘의 문을 여십니다. 나 역시 기도하는 가운데 하늘의 문이 열리는 것을 느낀 적이 있습니다. 마치 하나님께서 나의 기도를 기다리고 계신 것 같은 거룩한 부담감과 깊은 감동이 있었습니다.

훈련되고 연단된 하나님의 용사가 겸비함으로 기도할 때, 하나님께서는 하늘의 문을 여시고 하늘과 땅의 전쟁을 시작하십니다. 우리가 능력이 있어서가 아닙니다. 하나님의 마음에 합한 용사의 기도 속에서 성령께서 친히 역사하시는 것입니다. 그리고 그 기도 가운데 성령께서 말할 수 없는 탄식으로 친히 함께 기도하십니다.

> "이와 같이 성령도 우리의 연약함을 도우시나니… 오직 성령이 말할 수 없는 탄식으로 우리를 위하여 친히 간구하시느니라"(롬 8:26)

그렇다면 '성령 안에서 기도한다'는 것은 무엇을 의미할까요?

성령 안에서의 기도는 내 뜻과 내 계획을 관철시키기 위한 기도가 아닙니다. 성령께서 친히 인도하시고 주도하시는 기도입니다. 성령께서 기도의 방향을 잡아주시고, 기도의 내용을 부어 주시며, 성령님이 주인이 되셔서 탄식의 기도를 하나님께 직접 올려드리는 기도입니다. 이때 기도의 주체는 사람이 아니라 하나님 자신이십니다.

성령 안에서 드려지는 기도는 하늘의 문을 엽니다. 하늘의 문이 열리면 하나님의 임재가 임하고, 동시에 영적전쟁이 시작됩니다. 다니엘이 기도할 때 하늘이 열리고 하늘과 땅의 전쟁이 일어난 것처럼 말입니다. 하늘에서는 천사들이 움직이고, 땅에서는 하나님의 나라가 실제로 임하기 시작합니다. 영의세계에서는 강력한 영적 파동과 변화가 일어납니다. 우리가 인식하지 못할 뿐, 보이지 않는 세계에서는 이미 실제적인 전쟁이 진행되고 있는 것입니다.

무엇보다 마지막 때, 하늘과 땅의 전쟁을 수행할 하나님의 용사를 세우기 위해 성령을 더 부어주십니다. 바로 늦은비 성령입니다. 요엘 선지자는 이렇게 예언했습니다.

"그 후에 내가 내 영을 만민에게 부어 주리니… 그 때에 내가 또 내 영을 남종과 여종에게 부어 줄 것이며 내가 이적을 하늘과 땅에 베풀리니"(욜 2:28-29)

첫 번째 성령의 부으심은 사도행전 2장에서 이미 성취되었습니다. 오순절 마가 다락방에 모인 120명의 성도에게 성령을 부어주심으로 이른비 성령의 시대를 여셨습니다. 이른비 성령은 예수님을 구주로 영접할 때 성령님께서 우리 안에 내주하시는 역사입니다. '내가 내 영을 만민에게 부어 주리라'는 예언의 성취입니다. 성령님께서 내주하실 때 임하는 성령의 은혜가 바로 이른비 성령입니다.

그러나 하나님은 또 말씀하셨습니다.

"내가 또 내 영을 남종과 여종에게 부어줄 것이라"(욜 2:29)

'또다시 부어주시는 성령의 역사'는 마지막 때 일어납니다. 하늘과 땅의 전쟁을 수행할 준비된 남종과 여종에게 임하는 늦은비 성령입니다. 늦은비 성령은 아무에게나 임하지 않습니다. 훈련되고, 연단 받고 오직 하나님의 영광만을 구하는 용사들에게 부어집니다.

하나님께서 약속하신 늦은비 성령을 부으시기 전에, 먼저 사람을 훈련하십니다. 이른비 성령을 통해 성령님이 내주하신 후, 죄에 대하여 의에 대하여 심판에 대하여 깨닫게 하시며 죄와의 싸움을 시작하게 하십니다. 이른비 성령을 통해 하나님을 경험하게 하시며 구원의 여정을 이루어 가게 하십니다.

그 과정 가운데 거룩하고 순결한 주의 신부들에게 늦은비 성령을 부으시고, 성령께서 친히 그들을 훈련시키십니다.

지금은 성령시대입니다.

지금은 성령님께서 친히 용사들을 빚으시는 시간입니다.

마지막 때의 추수할 일꾼을 세우시는 시즌입니다.

이 마지막 때에 다니엘과 같은 기도의 용사를 찾고 계십니다.

기도로 하늘을 움직이는 사람.

성령의 인도하심에 끝까지 순종하는 사람.

자기 영광이 아니라 오직 하나님의 나라를 구하는 사람.

영의세계 그 안에서 영적전쟁을 감당할 준비가 된 사람.

하늘과 땅의 전쟁을 수행할 하나님의 용사들을 지금 부르고 계십니다.

"농부가 귀한 열매를 바라고 길이 참아 이른 비와 늦은 비를 기다리나니 너희도 길이 참고 마음을 굳건하게 하라"(약 5:7-8)

하나님의 용사로 성장하는 단계

"나의 신앙은 지금 어디쯤 와 있을까?"

"하나님의 부르심 가운데 나는 어느 단계에 있을까?"

사람마다 출발선은 다르지만, 하나님께서 이끌어 가시는 방식에는 질서와 단계가 있습니다. 씨앗이 자라 싹이 되고, 줄기가 되고, 마침내 열매 맺는 큰 나무가 되듯이, 하나님의 사람도 부르심의 단계를 따라 성장하고 성숙합니다.

하나님의 용사는 하루아침에 만들어지지 않습니다. 다니엘도,

다윗도, 사도 바울도 하나님의 부르심의 여정을 통과하여 용사가
된 사람들이었습니다. 하나님은 언제나 사람을 부르시고 단계적으
로 빚으신 후, 때가 되면 용사로 전쟁의 자리에 세우십니다.

1단계 | 하나님의 백성 - 아직 싸움이 낯선 단계

모든 신앙의 여정은 하나님의 백성에서부터 시작됩니다. 하나님
은 사람을 창조하실 때 자신의 형상대로 지으셨습니다.

"하나님이 자기 형상 곧 하나님의 형상대로 사람을 창조하시되"
(창 1:27)

신자와 불신자를 막론하고 모든 인간은 하나님의 창조물입니다.
우리는 하나님의 피조물이며 하나님의 백성입니다. 그러나 이 단계
의 사람들은 아직 하나님을 인격적으로 알지는 못합니다. 예수님을
믿고 있다 하더라도 지식으로만 알고 있을 뿐, 성령님의 내주하심
을 경험하지 못한 상태일 수 있습니다. 물론 하나님을 믿지 않는 불
신자들 역시 하나님의 백성입니다. 토기장이 되신 하나님께서 친히
빚으신 존귀한 작품이기 때문입니다.

하나님께서 백성을 바라보시며 이렇게 탄식하셨습니다.

"내 백성이 지식이 없으므로 망하는도다"(호 4:6)

하나님의 백성의 단계는 대체로 눈에 보이는 현실을 기준으로
삼고 살아갑니다. 성령의 내주하심이 없기에, 보이는 세계에서 일
어나는 일이 전부라고 여기며 살아갑니다. 고난과 문제 앞에서도

하나님을 찾기보다 사람을 보고, 환경을 보고, 상황을 봅니다. 자신이 영적전쟁 한가운데에 서 있다는 사실조차 인식하지 못합니다.

우리 모두는 백성의 단계에서 출발했습니다. 마라톤 경주의 출발선에 서있는 것처럼 신앙의 처음 시작은 하나님의 백성이었습니다. 누군가는 백성의 단계에 머무르며 제자리걸음만 하고 있을 수도 있고, 누군가는 선한 싸움을 하며 달려가고 있을 수도 있습니다. 또 누군가는 한참을 가다 다시 원점으로 돌아가기도 했을 것입니다.

백성에서 그다음 단계로 넘어가는 것이 가장 힘든 단계입니다. 나의 의지로 단계를 뛰어넘을 수 없기 때문입니다. 성령께서 내주하실 때에만, 다음 단계인 하나님의 자녀로의 돌파가 일어나기 때문입니다.

만약 아래의 질문 앞에서 '바로 나구나'라는 생각이 든다면, 하나님의 백성 단계에 머물러 있는 것입니다.

✓ **스스로 점검해 보십시오.**

- 인생의 문제를 영적인 관점보다 현실적인 계산으로만 바라보고 계십니까?
- 영적전쟁이라는 말이 아직 추상적이고 멀게 느껴지십니까?
- 하나님이 '있을 수도 있는 분' 정도로만 느껴지십니까?

• 천국과 지옥이 있다는 것이 믿어지지 않습니까?

괜찮습니다. 하나님은 백성의 단계에 있는 사람도 사랑하십니다. "내게로 나아오라" 하시며 손을 내밀어 부르시고 계십니다.

2단계 | 성령이 내주한 하나님의 자녀 - 육적 나실인 [10]

어느 순간, 십자가를 바라보다가 눈물이 왈칵 쏟아지며 통곡하게 됩니다. 누군가에게 들었던 복음이 심장에서 요동치기 시작합니다.

"예수님이… 나를 위해 십자가에서 죽으셨다고?"

이 복음의 진리는 백성의 단계에서는 쉽게 경험되지 않습니다. 그러나 하나님의 자녀로 거듭나는 그 한순간, 모든 것이 달라집니다. 도저히 믿어지지 않았던 말씀이 믿어지고, 멀게 만 느껴졌던 하나님이 갑자기 가깝게 느껴집니다. 말씀이 마음에 찔리고, 기도에 의미가 실리기 시작합니다. 이때가 바로 성령의 내주하심이 시작되

---

10 하나님의 자녀의 축복 (하나님의 양자의 영을 받을 때의 특권)
　1) 보혜사 성령님이 내주하시고 보호하심이 시작됨
　2) 예전 것은 사라지고 새로운 피조물이 됨 (영적 변혁)
　3) 죄이었으나 의인으로 칭함 받음 (이신칭의, 구원 받음)
　4) 하나님의 자녀로서 생명책에 기록되어 하늘의 시민권을 받게 됨
　5) 믿는 자의 표적이 나타나기 시작함
　6) 사망 후 하나님의 나라 천국에 들어가게 됨

는 순간입니다.

"우리가 아빠 아버지라 부르짖느니라"(롬 8:15)

하나님을 '아빠 아버지'라고 부르는 순간부터 우리의 삶은 변화되기 시작합니다. 하나님 자녀의 삶이 시작되기 때문입니다. 이전에는 괜찮았던 죄가 불편해지고, 예전처럼 살 수 없다는 마음이 생깁니다. 주변 사람들은 변했다고 말합니다. 말과 행동, 가치관과 선택의 기준이 바뀝니다. 하나님께서는 이들을 세상에서 건져내어 영적 나실인으로 구별하시고, 보호하시며 지켜 주십니다.

물론 이 단계에서도 흔들리고 넘어질 수 있습니다. 때로는 사춘기 아이처럼 하나님께 반항하기도 합니다. 그러나 하나님의 자녀는 완전히 등을 돌리지는 않습니다. 도망치는 것처럼 보여도 결국 다시 제자리로 돌아옵니다. 성령께서 우리 안에서 끝까지 이끌고 가시기 때문입니다. 임마누엘 하나님이 우리 안에 내주해 계시기 때문입니다.

✓ **만약 이런 모습이 보인다면 하나님의 자녀입니다.**

- 죄에 대해 민감해집니다.
- 넘어져도 쓰러져도 다시 하나님을 찾게 됩니다.
- 말씀과 기도와 예배에 대한 갈망이 있습니다.
- 구원에 대한 확신이 있습니다.
- 설령 오늘 죽는다 해도 천국에 간다는 믿음이 있습니다.

성령이 내주한 하나님의 자녀 가운데 예수님의 신부로 나아오도록 초청하십니다. 사도 바울은 이 부르심을 이렇게 표현합니다.

"내가 너희를 정결한 처녀로 한 남편인 그리스도께 드리려고 중매함이로다"(고후 11:2)

이 단계에 이르면 신앙은 더 이상 의무가 아니라 사랑이 됩니다. '무엇을 해야 할까'보다 '주님께서 기뻐하실까'가 삶의 기준이 됩니다. 이들은 세상과 타협하지 않기로, 오직 예수님만 사랑하기로 결단한 사람들입니다.

요한계시록 19장에는 예수님과 신부의 혼인 잔치가 기록되어 있습니다. 하나님께서는 자녀들 가운데서 흠 없는 신부를 찾으시기 위해, 그들을 세상에서 구별하시고 영적 나실인으로 세워 가십니다. 순결하고 깨끗한 신부로 단장시키기 위해, 성령께서는 때로는 골방으로, 때로는 광야로 인도하시며 침묵과 연단의 시간을 허락하기도 합니다.

베드로도 이 과정을 통과한 사람입니다. 예수님께서 베드로에게 물으셨습니다.

"요한의 아들 시몬아 네가 이 사람들보다 나를 더 사랑하느냐"(요 21:15)

"주님, 모든 것을 아시오매 내가 주님을 사랑하는 줄을 주님께서

아시나이다"(요 21:17)

베드로는 세 번이나 예수님을 부인했지만, 그럼에도 예수님을 자신의 생명보다 더 사랑했습니다.

"주는 그리스도시요 살아 계신 하나님의 아들이시니이다"(마 16:16)

이 신앙고백 위에 베드로에게 천국 열쇠를 맡기셨습니다.

"내가 이 반석 위에 내 교회를 세우리니 음부의 권세가 이기지 못하리라 내가 천국 열쇠를 네게 주리라"(마 16:18-19)

하나님께 천국 열쇠를 받는 순간부터 기도에 강력한 권세가 실리게 됩니다. 말에 무게가 생기며, 영적인 분별이 열리기 시작합니다. 성령이 내주하시고 천국 열쇠가 실제적으로 작동하기 시작할 때 우리도 베드로처럼 놀라운 일들을 경험할 수 있게 됩니다.

천국 열쇠를 받는다는 것은 하늘의 문을 열 수 있는 권세가 주어졌다는 뜻입니다. 이 땅에서 무엇이든지 매면 하늘에서도 매이며 이 땅에서 풀면 하늘에서도 풀리는 기도의 권세가 부어신 것입니다(마 16:19).

예수님을 사랑하는 신부들에게 하나님께서는 천국 열쇠를 선물로 주십니다. 천국 열쇠를 소유한 신부들은 예수님을 능욕하는 악한 영들을 향해 거룩한 전쟁을 시작합니다. 거룩한 분노를 쏟아냅니다. 영의세계 그 안으로 들어가 영적전쟁을 수행하게 됩니다.

✓ 만약 이런 모습이 보인다면 예수님의 신부입니다.

- 나의 삶 전체를 예수님께 정결하게 드리고 싶으십니까?
- 예수님을 향한 사랑이 삶의 목적이 되었습니까?
- 경건과 거룩함을 지키기 위해 몸부림 치고 있습니까?
- 죄와 피 흘리기까지 대항하며 싸우고 있습니까?
- 하나님과의 친밀함 속에서 사랑받고 있음을 느끼고 있습니까?
- 악한 영들을 향해 거룩한 분노가 일어나고 있습니까?

4단계 | 하나님의 용사 - 하늘과 땅의 전쟁의 참전용사

마지막 단계는 하나님의 용사의 단계입니다. 하나님께서는 정결한 신부 가운데서 용사를 세워 가십니다. 이들이 특별해서가 아닙니다. 성령님께서 친히 훈련하시고 연단하시며 순종하도록 이끄셨기 때문입니다. 성령님과 동행의 삶을 살아온 사람들이며, 함께해 온 시간만큼 성령님의 통치에 익숙해진 사람들입니다.

"그가 나를 단련하신 후에는 내가 정금 같이 되어 나오리라"(욥 23:10)

다니엘이 바로 그런 사람이었습니다. 풀무불의 위협 속에서도, 사자 굴의 고난 속에서도 그는 끝까지 하나님만을 바라보았습니다. 기도의 용사였던 다니엘은 세상과 타협하지 않았고, 세상의 소리에 귀를 기울이지도 않았습니다. 오직 겸비함으로 하나님의 인도하심에 순종했습니다.

다니엘은 기도로 하늘의 비밀을 보았습니다. 하나님을 선택하므로 사자굴이라는 영적전쟁터로 들어가게 되었지만 두려워하지 않았습니다. 하나님께서 여호와 군대의 대장으로서 대신 싸워 주셨습니다. 천사를 보내어 사자의 입을 봉하셨습니다 (단 6:22).

마귀가 우는 사자 같이 삼킬 자를 찾을 때에도, 하나님께서는 용사의 편에 서서 지켜 주십니다. 성령님의 통치 안에 있는 하나님의 용사는 사자 앞에서도 무너지지 않습니다.

요한계시록은 하나님의 용사를 이렇게 묘사합니다. [11]

"이 사람들은 여자와 더불어 더럽히지 아니하고 순결한 자라 어린 양이 어디로 인도하든지 따라가는 자며 사람 가운데에서 속량함을 받아 처음 익은 열매로 하나님과 어린 양에게 속한 자들이니 그 입에 거짓말이 없고 흠이 없는 자들이더라"

(계 14:4-5)

11 하나님의 용사의 자격 조건 (계 14:4-5)
　　1) 음녀와 더불어 더럽히지 아니한 순결한 자 : 거룩
　　2) 예수님이 어디로 인도하든지 따라가는 자 : 예수님께 절대 복종
　　3) 하나님과 어린양께 속한 자 : 성령님의 완전한 통치
　　4) 그 입에 거짓말이 없고 흠이 없는 자 : 죄와의 싸움에서 승리
　　5) 예수님의 다시 오심을 간절히 사모하는 자 : 정결한 사랑

이들이 바로 바알에게 무릎 꿇지 않은 칠천 명의 하나님의 군대입니다. 기드온의 300인의 용사와 같은 하나님의 용사입니다.

√ 만약 이런 모습이 보인다면 하나님의 용사입니다.

- 영의세계 안에서 실제로 영적전쟁을 수행하고 있습니까?
- 예수 그리스도의 권세를 삶 속에서 경험하고 있습니까?
- 하나님의 나라와 의를 가장 우선순위에 두고 살고 있습니까?
- 예수님께서 어디로 인도하시든지 따르겠다는 결단이 있습니까?
- 죄와의 싸움에서 점점 승리를 경험하고 있습니까?
- 성령님의 통치가 삶 전반을 다스리고 있습니까?
- 예수님을 위해 생명까지도 바칠 믿음의 용기가 있습니까?

지금 우리는 어느 단계에 서 있습니까?

백성입니까? 자녀입니까? 신부입니까? 용사입니까?

어느 단계에 있든 괜찮습니다.

하나님께서는 지금 우리가 서 있는 바로 그 자리에서 우리를 부르고 계시기 때문입니다. 우리가 하나님의 부르심에 "아멘, 나를 사용하여 주옵소서"라고 응답할 때, 하나님은 반드시 용사의 자리까지 이끌고 가실 것입니다.

"나는 선한 싸움을 싸우고 달려갈 길을 마치고 믿음을 지켰
으니"(딤후 4:7)

성령님은 한 사람을 어떻게 용사로 빚어
가시는가

처음 멕시코 선교사의 삶이 시작되었을 때 나는 하나님의 뜻을
이해하지 못했습니다. 왜 하필 멕시코이여야만 했는지, 왜 이처럼
척박한 땅이어야만 했는지 알 수 없었습니다. 눈앞에 보이는 것은
끝없이 펼쳐진 사막이었습니다. 바람에 휘날리는 먼지뿐이었습니
다.

하지만 시간이 흘러 이제는 고백할 수 있습니다. 멕시코의 사막
보다 나를 훈련하시고 연단하시기에 더 좋은 장소는 없었다는 사실
을 말입니다.

지구 반 바퀴를 돌아야 도착하는 멕시코 땅….

이 땅에서의 외로움, 고독, 슬픔, 마치 고아처럼 버려진 듯한 수
많은 시간들….

17년이라는 멕시코 선교사의 삶은 어쩌면 나를 하나님의 용사로
빚으시기 위한 하나님의 시간이었는지도 모르겠습니다. 아니, 지금

은 분명히 고백할 수 있습니다. 그것은 나보다 나를 더 잘 아시는 하나님 아버지의 특별한 사랑이었습니다.

모세도 40여 년을 미디안 광야에서 아무도 주목하지 않는 시간을 보냈습니다. 왜 그 긴 시간이 허락되었는지 알지 못한 채 그저 기다릴 뿐이었습니다. 하나님의 훈련과 연단을 거친 후, 마침내 모세는 하나님의 손에 붙들려 이스라엘 백성을 출애굽 시킬 사명을 가진 하나님의 용사로 세워졌습니다.

나는 오늘도 멕시코 땅에서 여호와 하나님의 이름을 부릅니다. 설령 내가 용사가 아니어도 괜찮습니다. 이 땅이야말로 나를 향한 하나님의 사랑의 흔적임을 믿기 때문입니다. 하나님이 나를 아시고, 또한 내가 하나님을 알게 되었기 때문입니다.

용사가 되는 길은 쉽지 않습니다.

그저 성령님께서 우리를 빚어 가시는 그 길에 동행할 뿐입니다. 그렇게 동행의 걸음을 걷다 보면 어느새 하나님의 손길에 빚어진 나를 발견하게 될 것입니다. 성령님께서 한 사람을 용사로 빚어 가시는 그 손길은 참으로 따뜻합니다. 신실하신 하나님께서 쉬지도, 졸지도 아니하시며 일하고 계시기 때문입니다.

이제 마음을 열고 하나님께 맡기십시오.

하나님께서 훈련대장 되시어 우리를 빚어 가실 것입니다.

제발 그 훈련을 거부하지만 마십시오.

성령님의 5단계 훈련을 마칠 즈음 우리는 "모든 것이 하나님의 은혜였습니다"라고 고백하게 될 것입니다.

1단계 | 외부적 죄성과의 씨름 단계

성령님의 훈련은 언제나 가장 바깥에서부터 시작됩니다. 술, 분노, 폭력, 음란, 탐욕, 거짓말, 중독처럼 눈에 보이는 죄와 잘못된 삶의 태도를 먼저 다루십니다. 예전에는 대수롭지 않게 넘겼던 것들이 어느 순간 마음에 걸리고 불편해지기 시작합니다.

이 단계에서 성령님은 단순히 "하지 마라"고 명령하지 않으십니다. 순종하고자 하는 마음이 생기도록 기다리시고, 작은 결단 하나에도 능력을 더해 주십니다. 때때로 "잘했다, 괜찮다, 고맙다"고 하시며 칭찬도 해주시고 격려도 해주십니다. 그렇게 아주 작은 순종을 통해 삶에 변화가 일어나기 시작합니다.

하지만 이 단계에 있는 사람들은 종종 "왜 이렇게 신앙생활이 힘들지?"라고 느끼기도 합니다. 성령님께서 거룩한 부담감을 수시며 죄를 끊어 가도록 이끄시기 때문입니다.

분노의 사람이었던 모세를 온유한 사람으로 빚으신 것처럼, 하나님께서는 때로는 광야와 골방에 홀로 두시며 외부적인 죄, 곧 누구나 다 죄라고 인정하고 있는 죄성부터 바꿔 나가십니다.

만약 성령님께서 거룩한 부담감을 주시며 '하지 않았으면 좋겠구나'라고 말씀하신다면 순종하십시오. 아멘으로 응답하십시오. 성령님께서 용사로 빚으시기 위해 우리 안에서 일하고 계시다는 분명한 신호입니다.

외부적으로 짓는 죄들이 어느 정도 정리되면, 성령님은 우리의 내면을 본격적으로 다루기 시작하십니다. 이제 훈련의 대상은 외부 환경이나 눈에 보이는 죄가 아닙니다. 보이지 않는 마음 안에서 일어나는 죄성입니다.

불평, 시기, 질투, 억울함, 자기연민, 분노, 우울, 비교의식 같은 내면의 죄성이 하나씩 수면 위로 떠오릅니다. 이 단계가 힘든 이유는 싸움의 대상이 환경이나 사람이 아니라 '나 자신'이기 때문입니다.

예수님께서도 간음한 여인을 향해 사람들이 돌을 던질 때 "죄 없는 자가 먼저 치라"고 말씀하셨습니다. 돌을 던지는 사람들의 마음 안에 있는 내면의 죄를 이미 꿰뚫어 보고 계셨던 것입니다.

성령이 임하시면 가장 먼저 죄에 대해 말씀하시며 우리를 이끌어 가십니다. 성령으로 충만해질수록 내면의 죄, 나만 알고 다른 사람은 전혀 알지 못하는 마음의 죄까지도 들춰내서서 회개하게 하십니다. 회개를 통해 거룩한 영으로 덮으시고 하나님의 성령을 더 깊이 부어 주십니다.

내면의 죄는 보이지 않기에 속일 수 있습니다. 경건한 척, 거룩한 척, 죄를 짓지 않는 척 할 수 있습니다. 그러나 성령님은 결코 속일 수 없습니다. 성령님께서 아나니아와 삽비라 부부의 내면의 죄를 들춰내셨습니다. 만약 그들이 그 자리에서 회개했다면 죽음에까지 이르지는 않았을 것입니다. 결국, 그들은 하나님뿐만 아니라 자기 자신마저 속였던 것입니다. 자신과의 내면의 싸움에서 패배했던 것입니다.

사실 이 단계가 가장 힘들고 고통스럽습니다. 자신과의 싸움이기 때문입니다. 오랫동안 '나'로 살아왔던 긴 시간과의 싸움이자, 나의 본성과 기질이 되어버린 하나님께 합당하지 않은 모난 성품을 제거하는 싸움이기 때문입니다. 안타깝게도 이 단계를 통과하지 못한다면 성장은 멈춥니다.

하지만 속사람이 겉사람과의 전쟁에서 승리하게 된다면 놀라운 일이 펼쳐집니다. 혀에 권세가 부어지고, 하나님으로부터 오는 말씀의 권세가 임하게 됩니다.

3단계 | 혀의 권세가 부어지는 단계

속사람이 영적전쟁에서 승리하면, 성령님은 우리의 혀, 곧 말의 영역을 다루기 시작하십니다. 이때 우리는 말이 결코 가볍지 않다는 사실을 깨닫게 됩니다. 말 한마디에 생명을 살릴 수도 있고, 누군가의 영혼을 짓밟을 수도 있음을 경험하게 됩니다.

야고보서 3장에 기록된 대로, '혀는 곧 불이요 불의의 세계'임을 깨닫게 됩니다. 말하는 대로 영적세계에서 그대로 이루어진다는 것을 경험하게 됩니다.

그때부터 기도는 형식이 아니라 하나님과의 관계 안에서 소통의 도구가 됩니다. 혀의 권세가 부어지면서부터 성령이 말하게 하심에 따라 내가 말하고 있다는 것을 느끼게 됩니다. 성령님이 내 혀를 잡고 말씀하시는 횟수가 늘어나고, 말한 대로 그대로 이루어지는 놀라운 역사를 경험하게 됩니다. 더불어 말해야 할 때와 침묵해야 할 때를 인식하고 성령님께 묻는 훈련이 시작됩니다.

이 단계에서도 여전히 '나 자신과의 싸움'이지만, 점점 더 성장하고 성숙해져 갑니다. 혀의 권세를 회복한 자녀에게 성령님은 강하게 역사하시며 열매를 맺게 하십니다. 바로 성령의 아홉 가지 열매입니다.

4단계 | 성령의 열매가 맺히는 단계

이 단계까지 이르게 되면 성령님의 훈련은 사람과 상황, 환경 속으로 확장됩니다. 용서할 수 없는 사람, 감당할 수 없는 환경, 설명되지 않는 고난이 훈련의 도구가 됩니다. 부당한 고난, 거룩한 고난을 통과하게 하시면서 더욱 단련시켜 나가십니다.

자신을 죽이려 했던 사울 왕이 눈앞에 있었을 때 다윗이 그를 해치지 않았던 것처럼, 하나님은 그렇게 단련해 나가십니다. 사도 바울이 박해 속에서도 원망하지 않고 하나님을 찬양했던 시간처럼 우리를 비워 가십니다. 스데반이 돌에 맞아 죽어가면서도 "이들을 용서하여 주옵소서"라고 기도했던 것처럼, 하나님은 우리가 하나님의 형상으로 빚어지기를 기대하십니다.

성령님의 손길 속에서 우리는 하나님의 성품을 닮아 가게 됩니다. 성령의 아홉 가지 열매가 어느덧 우리 삶에 맺혀지게 됩니다.

사랑, 희락, 화평, 오래 참음, 자비, 양선, 충성, 온유, 절제 (갈 5:22-23)

점점 하나님 아버지의 성품으로 성화 되어 갑니다. 그렇게 조금씩 하나님의 형상으로 복원되어 갑니다. 창세기에서 아담을 창조하셨던 그때처럼, 하나님의 인성과 신성이 우리 안에서 흘러나오게 됩니다.

5단계 | 권능이 흘러나오는 단계, 용사로 세워지는 단계

성령의 아홉 가지 열매가 맺혀 하나님의 성품을 드러내는 준비된 종들에게, 성령님은 권능을 부어 주십니다. 내적 권능인 성령의 아홉 가지 열매와, 외적 권능인 성령의 아홉 기지 은사를 다 부어 주십니다. 한 두 가지의 은사가 아니라 아홉 가지의 모든 은사가 골고루 다 나타나게 됩니다. 늦은비 성령이 부어진 결과입니다.

권능이 흘러나오는 것은 우리가 노력해서 성취할 수 있는 영역이 아닙니다. 오직 하나님의 은혜의 선물입니다.

마지막 때 더 많은 영혼을 구원하시기 위해 하나님은 권능을 부

으십니다. 하나님의 형상으로 복원된 종들을 통해 마지막 때의 추수를 시작하시고, 대부흥과 주의 오실 길을 예비하는 용사로 세우시며 하늘과 땅의 전쟁을 수행하도록 준비하십니다.

어쩌면 누군가는 지금 이런 생각을 하고 있을지도 모르겠습니다.
"왜 나만 이렇게 훈련이 긴 걸까?"
"왜 나만 골방에 있는 걸까?"
"하나님, 도대체 언제까지입니까?"
하나님은 엘리야 시대에도 바알에게 무릎 꿇지 않은 칠천 명의 용사를 숨겨 두셨습니다. 그들은 눈에 띄지 않았지만 결코 사라진 존재가 아니었습니다. 하나님의 눈동자 안에 있었던 사람들, 하나님을 움직이는 열쇠를 가진 용사들이었습니다.

지금 이 시대에도 하나님은 여전히 사람을 빚고 계십니다.
보이지 않는 곳에서, 조용히, 그러나 확실하게 일하고 계십니다.
지금 우리가 겪는 훈련과 연단, 이해되지 않는 고난의 시간들은 하나님의 용사로 세우기 위해 허락된 시간인지도 모르겠습니다.
우리가 지금 어떤 단계에 있는지는 그다지 중요하지 않습니다.
더 중요한 것은 하나님이 나와 함께하고 계시다는 진리입니다.
이제 하나님께서는 주의 오실 길을 친히 예비하고 계십니다.

예수님께서 다시 오실 그 날을 준비하고 계십니다.

하나님의 용사들을 통해 왕의 대로를 예비하실 것입니다.

"광야에서 외치는 자의 소리가 있어 이르되 너희는 주의 길을 준비하라 그의 오실 길을 곧게 하라"(눅 3:4)

내가 진실로 속히 오리라!

마라나타! 아멘! 주 예수여 오시옵소서!

이 책의 마지막 페이지를 덮으며 한동안 펜을 내려놓지 못했습니다.

이 책을 쓰는 여정은 결코 쉽지 않았습니다.

너무 힘들어서 몇 번이고 그만두고 싶었습니다.

글을 써 내려가면 갈수록 영적인 공격은 더 거세졌습니다.

감당하기 어려운 고난과 시험을 겪어야 했습니다.

그럼에도 성령님께서는 분명하게 말씀하셨습니다.

"내 종아, 이 책은 반드시 세상에 나와야만 한단다."

이 책은 마지막 때에 하나님의 용사를 깨우기 위한 책이라고 말씀하셨습니다.

영의세계를 모른 채 영적전쟁터 한복판에서 죽어가고 있는 영혼들에게 하나의 등불이 되어 주어야 한다고 말씀하셨습니다.

"내 종아, 마지막 때에 사용할 하나님의 용사들을 준비시키고 싶단다."

하나님의 소원은 어느새 저의 소원이 되었습니다.

그리고 저의 사명이 되었습니다.

사랑하는 여러분,

이 책은 단순한 신앙 서적이 아닙니다.

저의 삶 전체를 갈아 넣어 쓴 기록입니다.

자서전과도 같은 고백입니다.

넘어졌던 자리, 영적전쟁에서 패배했던 순간들,

다시 일어나 성령님의 손에 붙들렸던 시간들까지

모두 이 책 안에 담겨 있습니다.

이 책이 완벽해서가 아니라,

이 책이 뛰어나서가 아니라,

오직 하나님께서 사용하시기를 원하신다는 그 한 가지 이유로

저는 이 책을 세상에 내놓습니다.

이 글을 읽는 누군가의 영혼에 작은 등불 하나가 될 수 있다면,

이 책으로 인해 한 사람이 깨어 기도하게 된다면,

영의세계를 인식하고 영적전쟁 앞에 서게 된다면,

저는 그것으로 족합니다.

이 책을 통해 하나님만 영광 받으시며

예수님만 드러나시며

성령님의 일하심이 시작될 수 있다면

저는 그것으로 족합니다.

이 모든 여정을 인도해 주신 하나님께 감사드립니다.

포기하지 않게 하신 은혜에 감사드리고,

끝까지 쓰게 하신 성령님의 인도하심에

고개 숙여 깊이 감사드립니다.

이제 이 책을 하나님께 올려 드립니다.

원하시는 때에,

원하시는 영혼에게,

원하시는 방식으로 사용하여 주시옵소서.

마라나타!

아멘! 주 예수여 오시옵소서!

에스더 권 선교사 올림

영의세계 그 안에서의 영적전쟁

초판 1쇄 발행 2026. 3. 15
초판 1쇄 인쇄 2026. 3. 10

지은이 에스더 권
펴낸이 예수사랑선교회
북디자인 공간디자인 이용석

펴낸곳 도서출판 십자가사랑
등록번호 제 214-93-24689호
카톡아이디 Crosslove012
홈페이지 www.jesuslovemission.com (예수사랑선교회)
amordejesusmision.com (멕시코 예수사랑교회)

ISBN 979-11-979846-2-4

책 값 뒤표지에 있습니다.

잘못 만들어진 책은 교환해 드립니다.

시리즈 1

하나님의 선물
방언의 숨겨진 비밀

우리는 방언으로 기도하지만, 방언에 얼마나 놀라운 하나님의 선물이 숨겨져 있는지 모른다. 이 책은 방언으로 기도할 때 방언이 어떤 단계로 성숙하는지를 보여주고, 또한 방언에 궁금했던 것들, 영적 원리들을 다룸으로 방언 기도를 통해 하나님께 더 가까이 가도록 돕는 책이다.

시리즈 2

주어진 권세로
영적 세계를 정복하라 • 1

1권은 영적 세계의 전반적인 영적인 원리를 다룬 책이다. 인간 영혼육의 창조 원리를 다루고 사탄이 어떻게 인간에게 침투하는지, 또한 성령님이 우리를 어떻게 성장시키고 양육하는지를 다룬 책이다.

시리즈 3

주어진 권세로
영적 세계를 정복하라 • 2

2권은 영적 세계의 원리를 기반으로 믿는 자들에게 연관된 영적인 적용을 다룬다. 사탄이 어떻게 인간을 공격하며, 성령님은 어떤 방법으로 우리에게 역사하며 소통하는지, 또한 믿는 자들이 어떻게 영적으로 성장해야 하는지 방법을 제시하는 책이다.

시리즈 4

부탁합니다.
제발 자살하지 마세요

오늘도 많은 사람들이 자살을 선택한다. 희망이 없다고 생각하기 때문이다. 에스더 권 선교사는 가족의 세 명을 자살로 잃었다. 절망이 가득찬 삶이었다. 그러나 지금 그녀는 행복하다고 말한다. 무엇이 그녀를 이렇게 만든 것일까?

시리즈 5

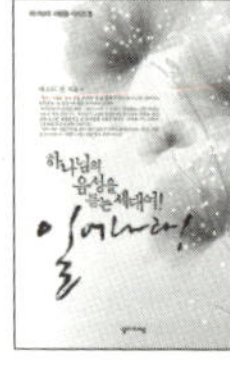

하나님의 음성을 듣는 세대여!
일어나라!

"내 양은 내 음성을 듣는다"고 주님은 분명하게 말씀하셨다. 하지만 주변에 하나님의 음성을 듣지 못하는 사람들이 너무나 많다. 왜 그럴까? 그 이유는 하나님께서 어떠한 방법으로 말씀하시는지 잘 알지 못하기 때문이다. 이 책은 하나님의 음성을 듣는 다양한 방법을 성경을 기반으로 명쾌하게 풀어낸 책이다.

시리즈 6

하나님의 치유, 신유의 숨겨진 비밀

"믿는 자에게는 이런 표적이 따르리니, 병든 사람에게 손을 얹은즉 나으리라"(막 16:17-18) 하지만 병자에게 손을 얹어도 잘 낫지 않는다. 왜 그럴까? 성경말씀이 잘못된 것일까? 저자는 하나님의 치유는 지금도 계속되고 있다고 말한다. 어떻게 신유의 은사가 활성화되는지에 대해 이해한다면 신유의 역사는 일어난다고 밝히고 있다. 이 책은 신유의 은사가 실상에서 능력으로 나타나기 위해 반드시 알아야 할 영적인 비밀에 대해 상세하게 풀어내고 있다.

시리즈 7

하늘의 청지기

때로는 우리가 사는 세상에서 어려움에 직면하기도 합니다. 예기치 못한 환란과 풍파를 겪기도 합니다. 그러나 설령 가시밭길을 걸어야 하는 상황일지라도, 모래 바람이 휘몰아쳐 오는 환경일지라도 독수리와 같은 힘으로 비상할 수만 있다면 문제될 것이 없습니다. 오히려 그 고난의 시간이 믿음의 도약이 일어날 절호의 기회입니다.

시리즈 8

성령과 함께 가라

"내가 진작 이것을 알았더라면 내 신앙은 무너져 내리지 않았을 것입니다. 나의 신앙은 무너졌고 10년 동안 종교 생활을 하며 첫사랑 타령만 하는 신자가 되었습니다. 다람쥐 쳇바퀴 신자가 되었습니다."
이 책은 어떠한 것들이 우리의 신앙 성장을 방해하는지, 어떠한 과정을 거쳐 신앙이 성장하는지를 명쾌하게 풀어주며 우리의 믿음과 신앙에 불을 지피는 책이다.

시리즈 9

하나님의 마음, 중보기도의 숨겨진 비밀

하나님의 마음을 알고 싶으십니까?
하나님의 탄식을 받고 싶으십니까?
하나님의 마음과 탄식은 중보기도자들에게 주시는 선물입니다. 이 책을 통해 더 깊은 하나님과의 친밀함과 지성소안에서의 중보기도가 회복될 것입니다.

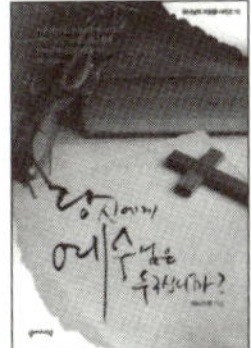

시리즈 10

당신에게 예수님은 누구십니까?

하나님이 누구신지 묻는다면 선뜻 대답하지 못하는 이유는 보이지 않기 때문이다. 보이지 않는 영이신 하나님을 어떻게 인간의 지식으로 풀어낼 수 있겠는가? 인간의 생각으로 어떻게 이해할 수 있겠는가? 이 책은 삼위일체 하나님을 보이는 영역에서 풀어 설명한 책이다. 성부하나님, 성자예수님, 성령하나님이 누구신지 성경을 기반으로 하나님의 인격과 성품, 속성을 잘 표현해 놓은 책이다.

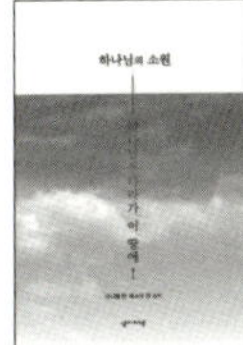

시리즈 11

하나님의 소원, 하나님의 나라가 이 땅에

'하나님의 나라와 의를 구하라'(마 6:33)는 말씀을 심도 있게 풀어낸 책이다. 하나님의 나라가 무엇인지, 의를 구하는 것이 무엇인지, 또한 하나님의 자녀라면 어떻게 살아가야 하는지에 대한 구체적인 제시가 담겨져 있는 지침서와 같은 책이다.

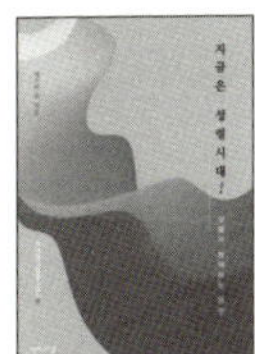

시리즈 12

지금은 성령시대, 성령과 함께하는 영성

성령님에 대한 모든 것이 이 책 한권 안에 고스란히 담겨져 있다. 성령님의 성품과 속성, 베일 속에 감춰져 있던 속사람과 겉사람의 영적전쟁을 비롯하여 성령의 9가지 열매와 은사에 대해 구체적으로 다룬 책이다. 마지막 때 성령의 사람들을 통한 하나님의 일하심이 마치 파노라마처럼 이 책에 녹아져 있다.

시리즈 13

하나님의 음성 듣기와 분별

하나님의 음성듣기와 분별에 대해 단계별로 명쾌하게 풀어낸 책이다. 일상에서 경험할 수 있는 다양한 하나님의 음성을 듣는 방법과 하나님과의 동행의 아름다운 이야기도 고스란히 담겨져 있다.